V&R

Ludger Kühling

Das Problem, der Spruch, die Lösung

Aphorismen in Beratung, Therapie und Supervision

Mit einem Vorwort von Johannes Herwig-Lempp

Vandenhoeck & Ruprecht

Bibliografische Information der Deutschen Nationalbibliothek
Die Deutsche Nationalbibliothek verzeichnet diese Publikation in der
Deutschen Nationalbibliografie; detaillierte bibliografische Daten sind
im Internet über http://dnb.d-nb.de abrufbar.

ISBN 978-3-525-40373-0

Weitere Ausgaben und Online-Angebote sind erhältlich unter: www.v-r.de

Umschlagabbildung: stockcreations/shutterstock.com

© 2015, Vandenhoeck & Ruprecht GmbH & Co. KG, Göttingen /
Vandenhoeck & Ruprecht LLC, Bristol, CT, U.S.A.
www.v-r.de
Alle Rechte vorbehalten. Das Werk und seine Teile sind urheberrechtlich
geschützt. Jede Verwertung in anderen als den gesetzlich zugelassenen Fällen
bedarf der vorherigen schriftlichen Einwilligung des Verlages.
Printed in Germany.

Satz: SchwabScantechnik, Göttingen
Druck und Bindung: ⊕ Hubert & Co., Göttingen

Gedruckt auf alterungsbeständigem Papier.

Inhalt

Vorwort von Johannes Herwig-Lempp 7

Einleitung 10

I Sprüche und Aphorismen 13

II Sprüche in psychosozialen Kontexten 14

III Konstruktivismus und der Spruch als Bedeutungsgeber   18

IV Wie sich systemische und philosophische Praxis ergänzen und befruchten 22

V Kommentierte Sprüche 35

VI Sprücheberatung als »Universalmethode« 115
Ablauf der Sprücheberatung 117 · Hilfreiche Annahmen des Beraters im Kontext der Sprücheberatung 121

VII Problemlagen, Themen und Fragestellungen im Kontext der Sprücheberatung..................................... 123

VIII Methoden für die Arbeit mit Sprüchen in Supervision, Teamentwicklung und Fortbildung 127

IX Methoden der Ressourcenorientierten Teamarbeit – angereichert mit Sprüchen 131
Gute Ratschläge 131 · Kreuzverhör 132 · Ecken und Perspektiven 133 · Fragenhagel 134 · Freie Erzählung – strukturierte Beobachtung – aphoristischer Kommentar 135 · Hypothesen 135 · Pro und Kontra 136

X Der systemische Methodenkoffer – erweitert
mit Sprüchen 137

Auftragskarussell 137 · VIP-Karte 139 · Team- oder
Gruppenbrett 139 · Genogramm 140 · Erfolge auswerten 142 ·
Zeitlinie (Timeline) 144 · Externalisierung 145

Aphorismen über die Brauchbarkeit von Sprüchen 147

Dank 148

Literatur 149

Quellenverzeichnis der Sprüche 152

Alphabetisches Verzeichnis der Sprüche 160

Vorwort

»Erkenne dich selbst« stand über dem Tempeleingang des Orakels von Delphi. Wer nach Delphi kam, wollte sich Rat holen. Dieser Rat wurde von Pythia gegeben, einer Priesterin, die von weiteren Priestern unterstützt wurde. Die ärmeren Ratsuchenden konnten eine Frage stellen, die sich mit »ja« oder »nein« beantworten ließ, woraufhin Pythia in einen Topf mit schwarzen und weißen Bohnen griff und eine herausholte, die – je nach Farbe – die Antwort gab. Darin lag der ganze Rat: die alternativen Lösungen hatten die Fragenden (ohne es zu merken) zuvor selbst entwickelt. Klient/-innen, die in der Lage und willens waren, Geld in die Beratung zu investieren, konnten ihr Problem ausführlicher darstellen. Pythia, in Trance versetzt oder auch nur berauscht, weissagte ihnen dann in ganzen Sätzen und gab Ratschläge, die allerdings häufig rätselhaft oder doch missverständlich blieben. Die Beratenen mussten sie auf jeden Fall im Nachhinein noch selbst interpretieren. Dabei konnten sie sich natürlich auch beträchtlich irren.

Zwei berühmte Klienten von Pythia, die Könige Krösus und Laios, dienen hier als Beispiele. So sagte Pythia dem König Krösus von Lydien voraus, dass er, wenn er den Fluss Halys mit seinem Heer überschreite, ein großes Reich zerstören werde. Krösus ging davon aus, dass ihm damit seine Eroberung Persiens vorausgesagt werde, tatsächlich legte er dann aber durch die Überquerung des Flusses den Beginn für den Niedergang des eigenen Reiches.

Dem König Laios von Theben verkündete Pythia das Schicksal seines neugeborenen Sohnes Ödipus: dieser werde seinen Vater töten und seine Mutter heiraten. Laios versuchte dem entgegenzuwirken, indem er den Sohn als Kleinkind aussetzen ließ, aber genau dadurch machte er die Verwirklichung der Voraussage möglich, denn Ödipus kannte so weder seine Eltern noch das ihm bestimmte

Schicksal und konnte so nicht einmal versuchen, ihm auszuweichen.

Auch das »Erkenne dich selbst« über dem Tempeleingang von Delphi ist nicht so einfach zu interpretieren, wie es zunächst den Anschein hat. Schließlich meint man niemanden besser zu kennen als sich selbst, so dass die Aufforderung überflüssig zu sein scheint. Gleichzeitig ist das Leben im Grunde nichts anderes als eine unaufhörliche Selbsterfahrung und -erkenntnis: tagtäglich erleben wir uns immer wieder neu und überraschen uns dabei zuweilen selbst (achten Sie einmal darauf, falls Ihnen das bisher noch nicht aufgefallen ist). Die besondere Herausforderung und der daraus entstehende Gewinn liegen möglicherweise genau darin, dass wir uns dies (hin und wieder) bewusst machen: Wir sind an der Konstruktion unseres Selbst beteiligt – und können es gestalten in unserer Auseinandersetzung mit uns selbst, in unseren unendlichen (weil nie abgeschlossenen) Gesprächen und Geschichten darüber, wer wir eigentlich sind. Dies ist die große Chance: Indem wir uns auf immer wieder andere Weise erzählen, wer wir sind, indem wir unserem Leben und uns selbst Sinn geben, verändern wir uns selbst und unser Leben. Und wir erkennen uns selbst immer wieder von neuem.

Das Orakel von Delphi kann als ein Vorläufer dessen angesehen werden, was Ludger Kühling hier mit seiner Sprücheberatung entwickelt und vorstellt. Sein im Prinzip einfaches Konzept (»Das Problem. Der Spruch. Die Lösung«) verbindet auf spannende Weise alte Formen der Beratung durch Sprüche (dazu kann man zum Beispiel auch das »Däumeln« der Pietisten rechnen, die in der Bibel blätterten und den Text, auf den ihr Daumen zufällig fiel, als Fingerzeig Gottes verstanden) mit der modernen Form der systemischen Beratung. Diese ist lösungs- (und nicht problem-)fokussiert, setzt auf die Ressourcen der Ratsuchenden, vertraut auf deren Wissen und Erfahrung und unterstellt, dass nur sie selbst entscheiden können, was gut und richtig für sie ist, sie aber dabei durchaus die Unterstützung von Experten nutzen können. Die Ratsuchenden sind die Experten für ihr eigenes Leben – während der Berater oder die Beraterin Experte für die Gestaltung eines gelingenden Beratungsprozesses ist.

Ludger Kühlings Sprücheberatung ist ein äußerst origineller und anregender Ansatz für die Beratung, der sich für die unterschiedlichsten Settings und Arbeitsbereiche eignet. Der Autor gibt der Leserin und dem Leser mit diesem Band eine einfühlsame Anleitung, wie sie eine solche Sprücheberatung in ihrer eigenen Praxis umsetzen können. Wer allerdings Gelegenheit hat, selbst einmal eine Sprücheberatung durch Ludger Kühling zu erhalten, sollte sich das nicht entgehen lassen, dies Erlebnis wird neben überraschenden Selbsterkenntnissen und Anregungen weitere Perspektiven für die eigene Anwendung eröffnen.

Über diesen Ansatz zu lesen, ist das eine, ihn umzusetzen, das andere. Ich rate Ihnen, auf den zweiten Schritt nicht zu verzichten. Ludger Kühling liefert mit seinem Buch alle notwendigen Grundlagen dafür. Dann bleibt nur noch – es auszuprobieren. Denn wie sollte man die Nützlichkeit dieses Ansatzes beurteilen, wenn man damit nicht auch selbst experimentiert? Hierfür braucht es nach der Lektüre eigentlich nur noch etwas Mut für das vergleichsweise kleine Risiko, beim ersten oder zweiten Mal möglicherweise ein wenig zu scheitern – bevor man dann ganz schnell genug (Selbst-)Sicherheit gewonnen hat. Manchmal erfolglos zu sein oder ein wenig zu scheitern, gehört schließlich zu jedem guten Beratungsangebot dazu. Wenn man sich traut, hat man die Chance, nicht nur die Brauchbarkeit dieses Ansatzes zu erleben, sondern auch zu erkennen, dass man schon wieder etwas dazugelernt hat. Ich wünsche Ihnen viel Vergnügen und Selbsterkenntnis mit diesem Buch und bei der Umsetzung seiner Ideen.

Johannes Herwig-Lempp

Einleitung

2005 fragte mich meine Kollegin Katrin Richter, ob ich auf dem zweiten Kongress für Systemische Sozialarbeit in Kiel einen Workshop anbieten könne. Meine Vorschläge ließ ich ihr noch am selben Tag zukommen. Meine Workshopangebote: Genogrammarbeit, Arbeiten mit dem Reflecting Team, die Kunst, im Zwangskontext zu kooperieren, wurden von ihr allesamt abgelehnt. Ich war Frau Richter als kreativer Referent empfohlen worden; und sie befand, meine Themen seien nichts Neues. Konfrontiert mit dem Wunsch: »Präsentieren Sie irgendetwas halbwegs Außergewöhnliches, was noch nicht jeder kennt«, fühlte ich mich herausgefordert. Kurzum: Das waren die Rahmenbedingungen, unter denen ich die Idee hatte, mit Aphorismen in meinen damaligen Arbeitskontexten Sozialpädagogische Familienhilfe, Supervision und Fort- und Weiterbildung zu experimentieren. Zu jenem Zeitpunkt war mir der Unterschied zwischen Sprüchen und Aphorismen nicht bewusst. Nachdem ich entschieden hatte, mich mit Aphorismen und Sprüchen zu beschäftigen, entsprechende Methoden und Ideen auszuprobieren und einen Workshop dazu zu konzipieren, begann eine intensive Sammelarbeit. Aus etwa 1500 Aphorismen wählte ich 86 aus.

Das daraus entstandene Sprüchekartenset möchte Sie einladen, in Ihren Arbeitskontexten Sprüche einzusetzen. Sie können sich von den Methoden aus den Kapiteln VI, VIII, IX und X anregen lassen, sie Ihrem Bauchgefühl gemäß einsetzen oder neue Methoden ihrer Verwendung entwickeln. Das Set wurde damals nicht für einen spezifischen Kontext zusammengestellt. Obwohl ich mittlerweile auch mit anderen Sets arbeite, habe ich mich entschlossen, hier die erste Fassung zu präsentieren, sie ist praxistauglich, multikontextuell einsetzbar und hat sich bewährt. Es liegt nahe, eine eigene Beratungsform, die ausschließlich mit Sprüchen arbeitet, zu entwickeln. Die Grundzüge, Eckpfeiler einer solchen Beratungsmethode finden Sie im Kapitel VI in Form der Sprüchebratung. Für die Arbeit mit Sprüchen halte ich dieses Kapitel für zentral. Wo therapiert, beraten, begleitet, reflektiert und gehandelt wird, lässt sich die Arbeit mit Sprüchen gut integrieren. Wer mit Sprüchen in seinem Arbeitskontext arbeiten und dies handwerklich gut machen möchte, dem helfen ein paar Anregungen bei diesem Vorhaben. Im Kapitel III finden Sie einige Annahmen des Konstruktivismus, dieser formuliert hilfreiche erkenntnistheoretische Voraussetzungen, um Sprüche kreativ einzusetzen.

Viele Sprüche aus dem hier vorliegenden Set sind Sätze von Philosophen und philosophischen Schriftstellern. Unter welchen Leitideen Gespräche in philosophischen Praxen oder in eher psychosozialen geführt werden, zeigt Kapitel IV. Hier werden Parallelen zwischen den Grundannahmen und Haltungen philosophischer und systemischer Praxis erörtert. Beide Konzepte befruchten sich gegenseitig.

Der Hauptteil des Buches besteht aus Kommentaren zu den Sprüchen. Sie sind nicht richtig und auf keinen Fall wahr, sie wollen als interpretative Anregungen verstanden werden. Einige Menschen ermunterten mich, in meinen Arbeitskontexten – insbesondere bei Sprücheberatungen –, meine eigenen Interpretationen der Sprüche beizusteuern. Menschen, die schon mit den Sprüchen arbeiten, berichten mir, dass es hilfreich ist, sich auch seiner eigenen Deutungen der Sprüche bewusst zu sein. Daher erschien es mir hilfreich, mögliche Interpretationen zu formulieren. Die Kommentare sollen Ihnen einen Einstieg bieten, die Sprüche auf Ihre Weise zu deuten.

Im Buch werden methodische Möglichkeiten, Sprüche in professionellen Kontexten einzusetzen, aufgezeigt. Auch jenseits der Arbeit lassen sich mit den Sprüchen ruhige Minuten und Stunden verbringen. Mit jedem Spruch können Sie über sich nachdenken, das eigene Tun in Frage stellen, sich prüfen, zweifeln oder nur still sitzen, in sich gehen, den eigenen Gedanken nachhängen und schweigen. Meiner Meinung nach nicht die schlechteste Weise, sich in der Welt zu bewegen. Die zusammengetragenen Sprüche bieten viele Denkanregungen und nie vollkommen abgeschlossene Antworten: »Es gibt keine Antwort. Es wird keine Antwort geben. Es hat nie eine Antwort gegeben. Das ist die Antwort« (Gertrude Stein).

Die Rezeptionsweisen von Büchern sind vielfältig. Gerne dürfen Sie klassisch vorgehen und das Buch von der ersten bis zur letzten Seite lesen. Sie können sich aber auch gleich dem zentralen Kapitel des Buchs widmen: der Idee der Sprücheberatung und ihrem genauen Ablauf. Nach der Lektüre beginnen Sie, mit der Methode zu experimentieren, oder nutzen die Karten in Ihrer nächsten Beratung auf eine andere Ihnen plausible Weise.

Ich wünsche Ihnen Freude beim Lesen und die eine oder andere neue Erfahrung, Erkenntnis; vor allen Dingen aber schöne und anregende Situationen in der Arbeit mit dem Sprüchekartenset.

I Sprüche und Aphorismen

Die dem Buch beigelegten Aphorismen sind keine; daher ist es richtiger, sie als Sprüche zu bezeichnen. Es handelt sich bei den Sprüchen des Kartensets nur selten um echte Aphorismen. Der literarischen Gattung des Aphorismus sei an dieser Stelle zumindest Tribut gezollt: Ich weiß sehr wohl, dass es sich bei meiner Sammlung um die Fabrikation von »Aphorismen« handelt, um die subjektive, interessengeleitete Herstellung von Aphorismen, die aus unterschiedlichen Textformen herausdestilliert wurden. Oft sind es »sentenziöse Zitate, die auf vage aphoristische Vorstellungen des Herausgebers hin aus Texten des Autors herausgelöst sind, aus einem Brief, einem Essay, aus einem längeren Aphorismus«, die »den maximenhaften Kopfsatz und seine Anwendung in einem Zusammenhang halten« wollen (Spicker, 1999, S. 306). »Solche Sentenzen, Zitate, Aussprüche, Sekundäraphorismen aus Brevieren und ähnlichen Zusammenstellungen öffnen aber der Beliebigkeit des Sammlers Tür und Tor und geben keinerlei Chance, die Umrisse einer Gattung zu erkennen« (S. 307). Das Kartenset beinhaltet nur wenige echte Aphorismen, nur bei wenigen handelt es sich »um Texte, die als Aphorismen veröffentlicht wurden« (S. 308). Hiermit ist das erste Merkmal eines Aphorismus formuliert – die Autorenintention. Allein – so konstatiert Spicker – schafft dies keine Klarheit. Das Buch lässt alle literaturwissenschaftlichen Probleme und wissenschaftliche Debatten der Begriffsbestimmung außen vor. Wer an diesen Fragen Interesse hat, sei auf das Werk von Spicker verwiesen.

II Sprüche in psychosozialen Kontexten

»Aphoristische Texte sind Texte, die dem Leser vieles ermöglichen, aber auch manches abverlangen, was er in anderen Texten nicht in der Weise aufbringen muß, um sie für sich gewinnbringend zu erschließen« (Stölzel, 1998, S. 273). Aphoristische Texte sind nicht immer selbsterklärende Texte. Es gilt über sie nachzudenken, unterschiedlich lassen sie sich deuten; sie fordern uns ein wenig Arbeit ab. Haben wir einen Spruch für uns angemessen entschlüsselt, ist es unser Spruch geworden – so als ob wir ihn selbst gedacht haben. Wir haben ihn uns angeeignet. »Ausgehend von der These, das Gehirn sei ein ordnungserzeugendes Organ, werden gewohnte Dichotomisierungen von Ordnung und Unordnung bzw. systematisch und unsystematisch problematisiert, so daß die üblichen polarisierenden Zuordnungsbehauptungen nicht mehr aufrechterhalten werden können« (S. 273). Dass Ordnungen nicht in der Welt an sich liegen und dass Ordnungsmuster der Welt zwar attestiert werden können, sie aber nicht per se ihr als zugehörig definiert werden können, ist seit der kopernikanischen Wende ein erkenntnistheoretisches Paradigma. »Bisher nahm man an, alle unsere Erkenntnis müsse sich nach den Gegenständen richten; aber alle Versuche, über sie a priori etwas durch Begriffe auszumachen, wodurch unsere Erkenntnis erweitert würde, gingen unter dieser Voraussetzung zu nichte. Man versuche es daher einmal, ob wir nicht in den Aufgaben der Metaphysik damit besser fortkommen, daß wir annehmen, die Gegenstände müssen sich nach unserem Erkenntnis richten, welches so schon besser mit der verlangten Möglichkeit einer Erkenntnis derselben a priori zusammenstimmt, die über Gegenstände, ehe sie uns gegeben werden, etwas festsetzen soll. Es ist hiermit eben so, als mit den ersten Gedanken des Kopernikus bewandt, der, nachdem es mit der Erklärung der Himmelsbewegungen nicht gut fortwollte, wenn er annahm, das ganze Sternenheer drehe sich um den Zuschauer, versuchte, ob es nicht besser gelingen möchte, wenn er den Zuschauer sich drehen, und dagegen die Sterne in Ruhe ließ« (Kant, 1787/1977, S. 25). Kant formuliert 1787 in der Vorrede zur zweiten Auflage der »Kritik der reinen Vernunft« die heute von vielen systemisch denkenden Praktikern geteilten erkenntnistheoretischen Annahmen des Konstruktivismus.

»Aphoristische Texte können nicht genau zugeordnet werden. Das Genaueste, was sich über diese Gattung sagen läßt, ist, daß sie sich nicht genau zuordnen läßt. Die Grenzen, die z. B. zwischen Literatur und Philosophie bestehen sollen, bestehen, wenn man genauer hinsieht, zumindest im Falle von aphoristischen Texten, nicht« (Stölzel, 1998, S. 274). Dem Rezipienten von Sprüchen in psychosozialen Kontexten ist es wahrscheinlich gleichgültig, zu wissen, ob es sich hier um einen »echten Aphorismus« handelt oder nicht. Er wird eingeladen, mit dem Spruch zu arbeiten, und nicht aufgefordert, ihn zuvorderst literaturwissenschaftlich zu bestimmen. So formuliert auch Stölzel: »Die schwere Bestimmbarkeit aphoristischer Texte, die häufig gegen die Gattung gewendet wurde oder zu fragwürdigen und letztlich wenig brauchbaren akribischen Definitionsansätzen führte, läßt sich, aus einer rezeptionsästhetischen Perspektive betrachtet, ins Produktive wenden« (S. 274). Und unter anderem kann eine Form der produktiven Wendung die Arbeit mit Aphorismen im Kontext der Beratung sein. Rezeptionsästhetische Perspektiven fußen auf erkenntnistheoretischen Annahmen des Konstruktivismus. Der Rezipient bestimmt, was der Spruch ihm sagen will, er deutet den Spruch. Wie Stölzel dann auch anmerkt: »In aphoristischen Texten – das kann mit Hilfe eines rezeptionsästhetischen Ansatzes klar aufgezeigt werden – radikalisiert sich die Beziehung Text–Leser am stärksten.« Kommunikationstheoretisch gewendet ist dies ein relativ alter Hut und kann in der Aussage, dass die Bedeutung einer Botschaft, einer Nachricht, eines Kommunikationsangebots immer der Empfänger bestimme und niemals der Sender, zusammengefasst werden (vgl. Schmidt, 2005).[1] Leser aphoristischer Texte »suchen, was viele

---

1 Wer Schulz von Thun und Watzlawick im Ansatz verstanden hat, könnte auch zu dieser Schlussfolgerung kommen.

ergiebige aphoristische Texte bieten, nämlich nicht nur einen vordergründigen Widerspruch, sondern einen Widerspruch, der das Nachdenken in einer spezifischen Weise stimuliert. Der Vorwurf, aphoristische Texte seien monologisch, ist nicht haltbar. Gerade durch eines ihrer charakteristischen Merkmale, nämlich die zur Ergänzung herausfordernde Konzision, ermöglichen und erzeugen sie, verstärkt durch ihre Kontextlosigkeit, eine Tiefenwirkung des produktiven Widerspruchs und Widerstands im Leser« (Stölzel, 1998, S. 276).

Aphorismen werden von jedem Leser in einem spezifischen Kontext rezipiert. Der Leser befindet sich in einem bestimmten Gefühlszustand, Themen und Fragestellungen treiben ihn um, ein Fokus bestimmt sein Denken; vielleicht befindet er sich aber auch im Zustand meditativer Gegenwärtigkeit und ist für alles offen. Je nach Zustand wird er den Spruch nutzen. »Die aphoristische Textgröße wie ihre permutative Erscheinungsweise akzentuiert und symbolisiert den zentralen epistemologischen Aspekt der Teilwahrheit und relativiert damit den wissenschaftlich erkennbaren und normativ wirkenden Wahrheitsanspruch« (S. 277).

Aphoristische Texte pointieren, generalisieren, heben hervor und distanzieren sich immer von einem irgendwie gearteten wissenschaftlichen Anspruch. Hierdurch laden sie uns ein, uns zu ihnen zu verhalten, unsere Wahrheit(en) in ihnen zu finden – indem wir ihnen widersprechen oder zustimmen.

»Eine strukturelle Isomorphie zwischen plötzlichen Gedanken und aphoristischen Texten begünstigt die Entwicklung eines Momentbewusstseins und eröffnet ergiebige Zugangswege zur Intuition, ergänzt dadurch konsekutive Erkenntnisstile mit plötzlichen« (S. 277).

Insofern kann für die Arbeit mit Sprüchen festgehalten werden: »Aufgrund dieser Faktoren erscheinen aphoristische Texte besonders geeignet, um sie als einen, bildlich gesprochen, nicht zur Ruhe kommenden Balancierstab zwischen verschiedenen Wissens- und Erkenntniszugängen nutzbar zu machen« (S. 278). Erkenntnisse aus Philosophischer Praxis und Aphorismusforschung berücksichtigend, kann in etwas lockerer Form konstatiert werden, dass Sprüche für die Kontexte Soziale Arbeit, Therapie, Supervision, Selbsterfahrung und Weiterbildung hilfreich sein können, weil

- sie in ihrer Einfachheit komplex sind;
- sie uns zum Denken herausfordern;
- sie uns einladen, uns zu positionieren;
- sie uns mit ihrer Einfachheit, ihrer Ambivalenz und Widersprüchlichkeit konfrontieren;
- sie Klarheit suggerieren und gleichzeitig in Frage stellen;
- sie eine heilsame Unübersichtlichkeit in Herz, Kopf und Seele hervorrufen können;
- sie uns ermöglichen, Ambivalenzen wahrzunehmen;
- sie vielschichtig sind und existenzielle Problemlagen in ihrer Mehrdeutigkeit spiegeln;
- sie Wissen definieren und gleichzeitig als Vermutungen enttarnt werden können;
- sie generalisieren und zum Widerspruch provozieren;
- sie eine Position auf die Spitze treiben und dadurch pointieren;
- sie kein Blatt vor den Mund nehmen;
- sie Widersprüchlichkeiten formulieren;
- aus ihnen implizite Handlungsanweisungen abgeleitet werden können;
- sie zum Nachdenken anregen;
- sie vermeintlich feste Positionen verflüssigen;
- sie unsere festen Positionen bestätigen;
- sie eine alternative Position als denkbar vorstellen;
- sie von bekannten Autoren formuliert wurden und damit mit einer Aura der Autorität wahrgenommen werden;
- sie Ansehen genießen und man sie vorbehaltlos rezipieren darf.

In diesem Sinne kann mit Galilei allen Sprüchen attestiert werden: »Man kann einen Menschen nichts lehren, man kann ihm nur helfen, es in sich selbst zu entdecken«.

III Konstruktivismus und der Spruch als Bedeutungsgeber

Wenn Sie die Verwendung von Sprüchen in Ihrer Arbeit begründen möchten, dann können Sie dies auf verschiedenste Weise tun. Häufig erscheint es vorteilhaft, die Gründe von den in Ihren Arbeitsfeldern momentan diskutierten Theorie- und Handlungsmodellen abzuleiten. Ausgehend von diesen lassen sich Gründe für die Praktikabilität und Sinnhaftigkeit einer Methode herauskristallisieren. Falls Sie an verschiedene Forschungsergebnisse der Hirnforschung (Roth, 1994) glauben, werden Sie bei Roth »Aus Sicht des Gehirns« und in vielen anderen Büchern fündig werden. Ich möchte an dieser Stelle auf die momentan von Sozialarbeitern, Therapeuten und Supervisoren geschätzten erkenntnistheoretischen Annahmen des Konstruktivismus und auf die Annahmen Philosophischer Praktiker Bezug nehmen. Dies sind zwei mögliche Quellen, die Arbeit mit Aphorismen zu plausibilisieren. Das Theoriemodell »Konstruktivismus« und das Handlungsmodell »Philosophische Praxis« werde ich in postmoderner Manier und in pragmatischer Absicht als Steinbruch nutzen. Es geht nicht darum, die Modelle zu untersuchen, zu analysieren oder kritisch zu bewerten. Ich möchte sie vielmehr in praktischer Absicht würdigen. Sie haben mir ein paar gute Gründe für mein Interesse zu bieten. Und mein Interesse ist es, die vielfältigen Möglichkeiten des Arbeitens mit Sprüchen theoretisch zu untermauern. Anders formuliert: Ich möchte für die Arbeit mit dem Sprüchekartenset ein passendes theoretisches Narrativ formulieren.

Durch das Miteinandersprechen, durch die alltägliche Kommunikation in der Familie, unter Freunden, in Arbeitskontexten und im Café entwickeln und konstruieren Menschen Bedeutungen für Situationen, Ereignisse, Gefühle – für eigene Handlungen und für eigene und dem Gegenüber unterstellte Gedanken. Der kommunikative Akt der Bedeutungsgenerierung vollzieht sich oft in Erzählungen. Erzählungen bieten uns den dramaturgischen Rahmen für unsere Wahrnehmungen, für Erklärungen von Phänomenen und deren Bewertungen. »Sie stellen einen selektiven Rahmen für den Stoff bereit, aus denen sie bestehen (nämlich der Verbindung von Personen, Handlungen, Orten, Zeiten und Intentionen). Als Identitätsgeschichten konstituieren sie unsere Erfahrungen, unser Verständnis von uns selbst und unsere Beziehungen. Sie beeinflussen unsere Wahrnehmung ebenso wie ihre Interpretation und Mitteilung« (Kronbichler, 2014, S. 72). In psychosozialen Kontexten begegnen uns häufig Erzählungen, in deren Mittelpunkt von einem Problem, einer Schwierigkeit berichtet wird, in der eine Situation als kompliziert bewertet wird. »Probleme« kann es schnell und viele geben. Das Problem ist ein spezifisches Produkt der Kommunikation, als Bewertung steht es oft erst am Ende eines kommunikativen Prozesses. Im Vorfeld hat man Situationen, Gegebenheiten, Verhaltensweisen etc. beschrieben, sich diese zu erklären versucht, und irgendwann haben einige, einer oder auch alle Teilnehmer eines Kommunikationszusammenhangs entschieden, eine Situation oder eine Verhaltensweise als ein Problem zu bewerten.

Verhaltensweisen von Personen, Lebenssituationen von Menschen sind nie ein Problem an sich. Gleiche Situationen können sehr unterschiedlich beschrieben werden. Erst dadurch, dass ein oder mehrere Menschen einer Verhaltensweise das Adjektiv »problematisch« zuschreiben, also beispielsweise sagen »dies ist ein echtes Problem«, wird eine Situation zum Problem. Welches Verhalten, welche Gefühle, Gedanken und Lebenssituationen als Problem/Schwierigkeit definiert werden, hängt unter anderem von den jeweiligen Werten, Konstruktionen, Bildern von der Welt der jeweiligen »Definierer/-innen«, Problemerzähler/-innen ab. Probleme werden so erst auf dem Hintergrund interner Wertentscheidungen von »Gut und Böse« und »richtig und falsch« erkennbar, besser: konstruiert und entwickelt. Sie sind abhängig von einer spezifischen Beobachterperspektive. Wenn mehrere Menschen, beispielsweise Mitglieder einer Familie, eine gleiche Problemdefinition kommunizieren, wird das Problem »wirklicher«. Alle reden über »das Problem«, und irgendwann kann sich niemand mehr vorstellen, dass dies kein Problem ist. Die Konstruktion »Problem« ist kein freischwebendes Gebilde. Die

Konstruktion des Problems zeigt Wirkung, das Problem bestimmt das Handeln der Familienmitglieder. Für das Problem werden Ursachen entdeckt, konstruiert bzw. Lösungs- und Bewältigungsstrategien generiert. Es besteht eine Wechselwirkung zwischen den Bedeutungszuschreibungen und den Verhaltensweisen. Sie bestätigen sich gegenseitig und bringen sich gegenseitig hervor.

Systemische Konzepte – soweit sie sich noch an konstruktivistischen Ideen orientieren – in Beratung, Sozialer Arbeit und Therapie haben unter anderem das Ziel, Problemerzählungen zu verstehen, ihren Sinn nachzuvollziehen, zu verstören, zu bestätigen oder zu dekonstruieren, um alternative und neue Erzählungen zu entwickeln. Ein Leitsatz konstruktivistischer systemischer Konzepte könnte daher lauten: Strebe danach, neue Beschreibungen für Problemlagen und alternative Erklärungsmodelle mit deinen Gesprächspartnern zu entwickeln, möglicherweise ergeben sich hieraus neue Handlungs- und alternative Lösungsideen. Begreife die Arbeit als eine Chance, immer neue Bedeutungen zu entwickeln, die immer wieder neue Handlungsoptionen aufwerfen. Für alle diese denkbaren kommunikativen Begegnungsformen mit dem Kommunikationsangebot »Problem, Schwierigkeit« etc. eignen sich Aphorismen in hervorragender Weise.

Sprüche in der Beratung wirken umso besser, nachhaltiger und zielgerichteter,
- wenn der persönliche, subjektiv bedeutsame Aufmerksamkeitsfokus vor dem Lesen des Spruchs bekannt und verbalisiert worden ist;
- wenn vor der bewussten Suche nach einem Spruch deutlich herausgearbeitet worden ist, worin das Ziel der Beratung, des Nachdenkens besteht;
- wenn der Sozialarbeiter oder Therapeut an das Vorwissen und die Erfahrungen ihrer Kooperationspartner anknüpfen;
- wenn Profis vor der Arbeit mit Sprüchen die möglichen Wirkungen in ihrer ganzen Vielfalt kommunizieren und auf die Individualität von Lernprozessen bzw. Wissensgenerierungsprozessen verweisen;
- wenn Supervisoren das methodisch-didaktische Vorgehen in der Arbeit mit dem Spruch erklären, dabei ihre Aufgabe markieren und die Aufgabe der Kooperationspartner formulieren;

- wenn Profis sich der eigenen Kompetenzen und Ressourcen für die Arbeit mit Sprüchen bewusst sind und diese transparent kommuniziert haben;
- wenn Supervisoren im Rahmen der Arbeit mit den Sprüchen alles Vorwissen, die positiven als auch die negativen Erfahrungen der Kooperationspartner für die Zielerreichung nutzen;
- wenn Therapeuten den Kontext mitberücksichtigen, in dem die Sprüche genutzt werden;
- wenn Berater nach Abschluss der Arbeit mit den Sprüchen für die Kooperationspartner eine praktische Idee für den Alltag haben;
- wenn Profis in der gemeinsamen Zusammenarbeit die Verantwortung für ein neu entwickeltes Wissen immer dem Kooperationspartner zuschreiben.

IV Wie sich systemische und philosophische Praxis ergänzen und befruchten

Thomas Stölzel formuliert mit seinen »29 Vorannahmen zur Philosophischen Praxis« einige »Rahmenbedingungen und Orientierungslinien« für sein Verständnis von Philosophischer Praxis. Seine »Positionsbeschreibungen« und »Erfahrungskonzentrate« zeigen auf, wie sich die Haltungen und Vorannahmen einer Philosophischen und einer Systemischen Praxis ergänzen und befruchten können (Stölzel, 2009). Was der Philosophische Praktiker als Eckpunkte seiner Profession benennt und für seine Art, Gespräche zu führen, für wesentlich hält, werden viele systemische Praktiker unterschreiben. Dem Philosophischen Praktiker wird es ähnlich gehen.

Im Folgenden werden 29 Annahmen zur Philosophischen Praxis von Stölzel vorgestellt und jeweils aus systemischer Sicht kommentiert.

1. Stölzel konstatiert mit vielen anderen Philosophischen Praktikern, dass es immer auch eine praktische Dimension der Philosophie gab. Historisch waren dies die Sokratik, die Sophistik, die Skepsis, die Stoa und die Moralistik. Das Beraten, Nachdenken, Kommunizieren und Philosophieren im Kontext Philosophischer Praxen wird noch nicht in Lehrbüchern zusammengefasst. Philosophische Praxis grenzt sich als individuell eigensinnig gegenüber der akademisch orientierten Philosophie und den klassischen Beratungsverfahren ab.

ad 1. Systemisches Denken und Handeln wird mittlerweile für die Kontexte Beratung, Soziale Arbeit, Therapie und Supervision in Form von Lehrbüchern vorgestellt. Insofern kann hier von kanonisiertem Wissen gesprochen werden. Die Arbeit in diesen Arbeitsfeldern darf aber nicht losgelöst von den praktizierenden Systemikern, die ihr Know-how anbieten, gesehen werden. Systemische Praxen können ähnlich vielfältig wie Philosophische Praxen beschrieben werden, auf der anderen Seite

kann sicher auch eine stärkere Entindividualisierung zur Kenntnis genommen werden.
2. Philosophische Praxis eröffnet den Raum für gemeinsames Philosophieren. Anknüpfungspunkt ist das, was der Besucher äußert. Der Philosophische Praktiker fokussiert auf die Theorien, Bewertungen, die mit den vorgetragenen Geschichten zusammenhängen. »Das bedeutet, kurz gesagt, dasjenige, was jeder Mensch als implizite Lebensphilosophie im Laufe seines Lebens entwickelt hat, zu explizieren und damit einen bewußten und selbstverantwortlichen Umgang zu eröffnen« (S. 89). Im Zentrum steht die »persönliche Theoriegeschichte« des Besuchers der Philosophischen Praxis.
ad 2. Viele Systemiker und klassisch ausgebildeten Familientherapeuten arbeiten mit persönlichen Theorie- und individuellen Wertegeschichten. Arbeiten mit dem Genogramm, Zeitseil, VIP-Karten, Externalisierungen etc. eröffnen immer auch einen Zugang zur eigenen Lebensphilosophie. In mehr oder weniger strukturierter Form wird die Familiengeschichte im Rahmen der Genogrammarbeit erfragt. In diesem Rahmen werden wie in der Philosophischen Praxis die persönlichen Weltbilder, Denkweisen, hochgehaltenen Werte und ihre Bedeutung für das konkrete Anliegen thematisiert.
3. Philosophische Praxis bietet die Möglichkeit, Texte von verschiedenen Philosophen zu Rate zu ziehen. Explizit wird hier auf die Arbeit mit Aphorismen verwiesen, da sie »durch ihre Kürze bzw. Verkürzung zum selbständigen Denken anreizen und auf eine rasche und wirksame Weise neue Perspektiven freilegen« (S. 89).
ad 3. Hier scheint mir ein Unterschied zur Philosophischen Praxis zu liegen. Ich kenne nur wenige systemische Praktiker, die mit ihren jeweiligen Gesprächspartnern in Texten nach Anregungen und Lösungen suchen. Texte, die verteilt werden, sind eher Informationsmaterial, Umgangsweisen in Form von Handlungsanweisungen bezüglich psychiatrischer Phänomene. Auch scheint es mir, dass Kunden für ihre Problemlagen weniger philosophische Literatur, sondern eher gängige Ratgeberliteratur konsultieren.
4. Der Philosophische Praktiker begreift sich als ein Außenstehender, dem es möglich ist, eine Metaperspektive einzunehmen, und

der hierdurch leichter neue Perspektiven und Lösungen beizutragen vermag.

ad 4. Neutralität als Grundhaltung war in den Anfängen der systemischen Theoriebildung und der Reflexion hilfreicher Haltungen konstitutiv. Heute zur Allparteilichkeit weiterentwickelt, werden viele systemische Praktiker für sich in Anspruch nehmen, eine Metaperspektive auf ihre Kunden zu haben (Schwing, 2012).

5. Die Philosophie und das gemeinsame Philosophieren sollen nutzbar gemacht werden für die Reflexion des Alltags, und sie sollen darüber hinaus etwas beitragen zum »Guten Leben«, zum guten alltäglichen Leben. Der Philosophische Praktiker stellt mit dem Besucher die Frage, wie es möglich ist, »in lebensdienlicher Weise zu philosophieren« (Stölzel, 2009, S. 90).

ad 5. In der systemischen Praxis hat sich seit zwanzig Jahren unter den Leitideen der Lösungsorientierten Therapie ebenfalls das »Selbstdenken« etabliert. Klienten werden als Kunden identifiziert – als für ihr Leben kundige Menschen. Sozialarbeiter und Therapeuten begreifen sich vorwiegend als Hebammen der Lösungsideen ihrer Kunden.

6. Philosophische Praxis bietet die Möglichkeit, »die Frage nach einem je individuell auszufüllenden guten Leben der angemessenen eudaimonia« zu stellen. Hierbei wird wertschätzend an die bisherigen Arten, das Leben zu gestalten, angekoppelt, und dem Besucher wird es ermöglicht, seinen »eigenen epistemologischen Entwicklungsroman« zu (re)konstruieren. Dabei wird insbesondere auf »die Wirkungsweisen der jeweiligen (häufig unbewußten) Vorannahmen, Wahrnehmungserfahrungen, Urteilsbildungen und Bedeutungsgebungen« fokussiert (S. 90 f.).

ad 6. Wenn sich systemische Praktiker und Praktikerinnen nicht als Wissende generieren, sondern sich an einem konstruktivistischen, erkenntnistheoretischen Standpunkt orientieren und in pragmatischer Absicht handeln, dann fragen sie nach den Bedeutungsgebungen und Vorannahmen ihrer Kunden. Sie laden ihre Kunden ein, für sie passende Narrative zu entwerfen und diesen in der eigenen Lebensführung gerecht zu werden.

7. »Ein besonders wichtiges Potential der Philosophischen Praxis besteht darin, persönliche Weisheitsquellen und das oft schlum-

mernde Wesenswissen eines Menschen freizulegen und zur Entfaltung zu bringen« (S. 91). Daran ankoppelnd können die individuellen Ideen über ein gutes Leben in Selbstverantwortung wirkungsvoll und nachhaltig umgesetzt werden.
ad 7. Weisheit ist meines Wissens in der systemischen Theoriebildung und in der systemischen Praxis kein etablierter Topos. Das heißt nicht, dass in verschiedenen Praxisfeldern nicht mit Weisheitskonzepten auch von Systemikern gearbeitet wird. Anzumerken ist, dass auch Stölzel für eine stärkere Nutzung von Weisheitskonzepten in der Philosophischen Praxis plädiert.
8. Im Mittelpunkt steht die Förderung der Selbstverantwortung. In der Philosophischen Praxis geht es immer um Hilfe zur Selbsthilfe. Dies wird vom Philosophischen Praktiker explizit thematisiert: »Bei jeder Form von Hilfeleistung in einer Philosophischen Praxis kann es sich nur und ausschließlich um eine Hilfe zur Selbsthilfe handeln« (S. 92).
ad 8. Das Credo systemischer Sozialarbeit und auch nicht systemisch infizierter Konzepte Sozialer Arbeit ist es, »Hilfe zur Selbsthilfe« zu leisten. Dies scheint mir in weiten Teilen für die Kontexte Therapie, Beratung, Supervision, Coaching und Organisationsentwicklung zu gelten.
9. Menschen, die die Philosophische Praxis aufsuchen, werden als Besucher begriffen, nicht als Klienten oder als Patienten. Es soll schon durch diese Wortwahl deutlich werden, dass der Gesprächspartner als autonom angesehen wird. Mit Rückgriff auf Otto Brink wird der Besucher als kundiger Kunde konstruiert: »Zu mir kommen Kunden, das heißt Menschen, die kundig sind und von sich Kunde geben, sich in ihrer eigenen Autorität mitteilen und ein Anliegen haben« (Brink zit. nach Stölzel, 2009, S. 93).
ad 9. Nach meinem Dafürhalten stimmen hier Philosophische Praxis und systemische Praxis überein (vgl. Hargens, 1993).
10. Der Philosophische Praktiker kann nicht heilen, er kann nur die Selbstheilungskräfte anregen: »Der P. P. [Philosophische Praktiker, L. K.] ist insofern ein medicus philosophicus, als er bei seinen Besuchern die Selbstheilungskräfte anzuregen versteht und deren natura zuarbeitet – dies jedoch nur in der Weise, wie der Besucher es wünscht!« (Stölzel, 2009, S. 94)

ad 10. Dem systemischen Praktiker ist der Wille des Kunden überaus wichtig. Geht er doch von der Idee aus, dass Menschen nicht zielgerichtet instruierbar, sondern autonom sind. Ohne explizite Zieldefinition des Kunden und differenzierte Auftragsklärung handelt der systemische Praktiker begleitend, mitdriftend im Lebenskontext des Kunden. Selbstverständlich greift auch der systemische Praktiker bei Selbst- und Fremdgefährdung der Kunden ein. Wie in solchen Situationen der Philosophische Praktiker handelt, kann ich nicht sagen; ich nehme an, dass auch er eingreifen wird – also nicht unbedingt gemäß dem Auftrag des Besuchers handeln wird.

11. Philosophische Praxis ist eine Metabühne, »in welcher die Macht und die Auswirkungen der oft unbewußt wirkenden Denk- und Beschreibungsweisen (des Besuchers) von einer philosophischen Warte aus entdeckt, betrachtet, besprochen, überprüft und gegebenenfalls entschärft bzw. verändert werden können und wo ihm seine Grundhaltungen und -überzeugungen erlebbar gemacht werden« (S. 94).

ad 11. Wenn dies einer der Kernpunkte Philosophischer Praxis ist, stimmt ihm der systemische Praktiker zu. Systemische Praxis fokussiert auf die Wechselwirkungen von explizit formulierten Beschreibungen, Diagnosen, unbewussten Bewertungen und Handlungsweisen.

12. Eine selbst entwickelte persönliche Heuristik soll dazu beitragen, es dem Besucher zu ermöglichen, »neue Gestaltungsräume zu (er)finden, ungenutzte Assoziationen, Bezüge, Zusammenhänge und Analogien zu entdecken und ein Bewußtsein für hemmende Verallgemeinerungen zu erlangen« (S. 95).

ad 12. Nur der theoretisch von konstruktivistischen Grundannahmen überzeugte Systemiker wird seine Beratungen und in diesem Zusammenhang die Entwicklung von Lösungen Er-Findungslust oder Heuristik nennen. Aber auch ihm wird es darum gehen, »autonome Such- und Findeprozesse wirkungsvoll« zu begleiten (S. 95).

13. Der Philosophische Praktiker trägt, indem er sich äußert, »ergänzende Denkweisen, alternative Vorstellungen, ungewohnte bzw. bislang ungenutzte Perspektiven, potentielle Neuakzentuie-

rungen, unerprobte Verhaltensmöglichkeiten« vor (S. 95). Der Philosophische Praktiker drängt nicht und glaubt nicht an die Abschaffung des Problems, ihm geht es eher um eine alternative Perspektive auf die Schwierigkeit.

ad 13. Auch Systemiker gestalten ihre Gespräche meist nicht vollkommen abstinent von ihren eigenen Assoziationen, Einfällen und Hinweisen. Jürgen Hargens formuliert seine Eindrücke unter der Leitidee des »Beisteuerns« (Hargens, 2004), bei der er sich bewusst ist, dass dies nur eine weitere Perspektive von vielen möglichen ist.

14. Mit dem Philosophischen Praktiker besteht das Angebot, die eigenen Wahrnehmungsweisen und »die damit verbundenen Muster, Vorstellungen, Denkstrukturen und Verhaltensformen zu erkennen und zu einer eigenen Bewußtseinstätigkeit zu verfeinern« (Stölzel, 2009, S. 96). Dies vollzieht der Philosophische Praktiker mit Hilfe eines »methodologischen Organs«. »Mit Hilfe eines methodologischen Organs wird außerdem ein Bewußtsein für die Mitgestaltungsmöglichkeiten innerhalb der Kontexte und Situationen geschärft, die der Besucher als problematisch, belastend oder sogar ausweglos erlebt« (S. 96).

ad 14. Auch diesen Beschreibungen von Möglichkeiten und Intentionen der Philosophischen Praxis wird der praktizierende Systemiker beipflichten. Es scheint mir eine Frage der Vokabeln zu sein. Die meisten Systemiker werden nicht in Anspruch nehmen, mit ihren Klienten ein »methodologisches Organ« zu entwickeln. Der Intention, mit ihren Gesprächspartnern Möglichkeiten, das eigene Leben zu gestalten und auf die Korridore Einfluss zu nehmen, zu entwerfen, werden aber auch Systemiker zustimmen.

15. Philosophische Praktiker empfehlen, nicht von Problemen zu sprechen, sondern von bisherigen Lösungsversuchen. Hier verweist Stölzel explizit auf Gunther Schmidt (S. 97).

ad 15. Wo auf Gunther Schmidt verwiesen wird, wird auch systemisches Gedankengut enthalten sein – wenn auch in einer spezifisch hypnotherapeutischen Variante (Schmidt, 2005). Dass Sprache Wirklichkeiten schafft und es daher günstiger sein kann, Probleme und Schwierigkeiten als bisherige Lösungsversuche

umzudeuten, gehört zu den Mainstream-Annahmen systemischen Denkens und Handelns.
16. Philosophische Praxis bietet die Möglichkeit, seine eigene epistemologische Biographie zu rekonstruieren, um das unbewusst wirksame Geflecht an Vorannahmen und Erwartungen an das Leben zu thematisieren (Stölzel, 2009, S. 97). Dies geschieht unter anderem durch folgende Fragen: »Seit wann glaube ich das, was mir jetzt als fraglos, sicher, verbindlich und handlungsleitend erscheint? Auf welche Weise gelange ich zu meinen Urteilen, Haltungen, Meinungen etc.? Wie bewußt sind mir meine persönlichen Verarbeitungsweisen? Was weiß ich über das Zustandekommen meiner Überzeugungen? Inwieweit wirken dabei Muster und Sichtweisen des Elternhauses, der Schulzeit oder anderer früher Prägungen nach?« (S. 97).
ad 16. Viele Fragen, die hier von Stölzel vorgestellt werden, finden sich auch in systemischen Büchern und Artikeln zur Genogrammarbeit. Fragen stellen – das können Philosophen und Systemiker auf ihre Weise jeweils gut. Vielleicht werden es die Systemiker in Zukunft anders machen, weil sie durch das Bemühen um die sozialrechtliche Anerkennung eher eingeladen sind, Antworten zu geben. Und so tun (müssen), als verfügten sie über ein echtes, objektives Wissen.
17. Humor wird vom Philosophischen Praktiker als der wichtigste Weggefährte »bei allen Formen menschlicher Veränderungs- bzw. Selbstbesinnungsprozesse« definiert (S. 98). »Er [der Humor, L. K.] gehört neben dem Staunen zu den genuin menschlichen Eigenheiten und zu den grundlegenden philosophischen Kompetenzen bzw. Reaktionsweisen. Er ist häufig wesentlich mit dem verbunden, was im Wort Philosophie ausgesprochen, aber selten verwirklicht wird: mit Weisheit« (S. 98).
ad 17. Dass Humor als eine »wichtige Zusatzperspektive; Humor als philosophischer Ratgeber auch im Umgang mit der eigenen Endlichkeit; Humor als unverzichtbares Ingrediens bei der Mischung bzw. Herstellung neuer Hypothesen; Humor als Supervisor; Humor als Trabant im Umgang mit humorresistenten Personen; Humor als Kommentator von paradoxen Erfahrungen etc.« (S. 99) genutzt werden kann – das wird auch weniger humor-

kompetenten Systemikern vertraut sein. Humor wird in vielen Praxisfeldern als Distanzierungsstrategie genutzt. Ihn allerdings als den »wichtigsten Weggefährten« in Veränderungs- und Selbstbesinnungsprozessen zu definieren, scheint mir als Systemiker fraglich. Systemiker als Experten der wertschätzenden Rahmung von Gesprächen würden Humor als wichtig bewerten, aber immer auch als eine riskante Kommunikationsform identifizieren.
18. Der durch die akademische Philosophie nicht ausreichend gewürdigte Mut ist ein basales Element der Philosophischen Praxis. Grob lässt sich der Mut in drei Varianten konzeptualisieren: als Mut zur Infragestellung anerkannter Meinungen, als Mutmaßungskompetenz – als Mut, eigene Theorien, Hypothesen zu formulieren –, und zum Dritten als Mut zu sich selbst, der sich nach Stölzel unter anderem durch ein »ismen-freies« Leben auszeichnet (S. 100 f.). »Philosophischer Mut bildet in seinen verschiedenen Schattierungen, Ausdrucksformen und Bezügen eines der tragenden Elemente einer Philosophischen Praxis« (S. 99).
ad 18. Mut sollte als eine grundlegende Kategorie bei Veränderungsprozessen reflektiert werden. Veränderungen bedürfen wohl immer des Muts – auch wenn dies nicht immer bedacht und mit den Kunden besprochen wird. Insofern als in systemischen Beratungs-, Begleitungs- und Therapiekontexten positive und mögliche negative Auswirkungen verhandelt werden, wird implizit thematisiert, dass Mut eine wesentliche Bedingung für Veränderungen ist. Das riskante Verhalten der Veränderung gilt unter den möglichen Folgen reflektiert zu werden.
19. In der Philosophischen Praxis handelt es sich um ein »reflektiertes Verständnis für das jeweils eigene System oder Antisystem des Besuchers; das phänomenologische Erkennen seiner Strukturen, Brüche, Veränderbarkeiten« (S. 101).
ad 19. Noch unter den Leitideen der Kybernetik 1. Ordnung – also vor der konstruktivistischen Wende und der Etablierung des Beobachters – ausgebildeten Systemikern und Systemikerinnen ging es immer auch um das Erkennen von Strukturen und Brüchen. Konzepte des Familienstellens, die sich als systemisch begreifen, beziehen sich immer auch auf Ordnungsvorstellungen, die sie phänomenologisch »erkennen«.

20. Die Philosophische Praxis bietet die Möglichkeit, antike, klassische und aktuelle Konzepte eines gelungenen Lebens ins Verhältnis zu setzen und zu reflektieren. Hierbei wird auf die Relevanz der Konzepte für die Besucher fokussiert.
ad 20. Fürwahr: Dafür sind Systemiker nicht ausgebildet. Sozialarbeiter, Therapeuten und Ärzte haben hierzu keine Seminare in ihren Studiengängen besucht und wohl auch nur zum Teil entsprechende Autoren gelesen. Konzepte des gelungenen Lebens sind in systemischen Weiterbildungen curricular nicht vorgesehen. Sie können literaturbasiert nur bedingt mit ihren Gesprächspartnern in ihrer Bedeutung für das eigene Leben reflektiert werden.
21. Der Philosophische Praktiker fokussiert auch auf die Dinge, die seitens des Besuchers nicht verändert werden sollen. Er arbeitet auftragsorientiert. Der Philosophische Praktiker sollte immer offen für die Welt des Besuchers sein (S. 103).
ad 21. Explizit empfiehlt Stölzel, sich an Haltungen der Hypnotherapie von Milton Erickson zu orientieren und nicht an Widerstandskonzepten der Psychoanalyse nach Freud. Kooperation, einen Rahmen für Kooperation zu schaffen, wird in der Literatur als wesentliches Merkmal für alle systemischen Praxisfelder angegeben (vgl. Herwig-Lempp, 2006). Insbesondere gilt dies für Systemiker, die auch Facetten der lösungsorientierten Therapie in ihren Ausbildungen gelernt haben. Das Widerstandskonzept wird hier von Stölzel im Vorbeigehen »widerlegt« und kritisiert. Dies scheint mir eine langlebige Modeerscheinung. Das Konzept »Widerstand« lässt sich vielmehr für einen wertschätzenden und ressourcenorientierten Umgang mit Klienten nutzen.
22. Die Philosophische Praxis kann das Staunen als wichtige philosophische Ressource stärken und reaktivieren (Stölzel, 2009, S. 103). »Das Staunen kann einen der Königswege zur persönlichen Weisheit eröffnen. Das Staunen ist ungleich wichtiger und philosophischer als jedes abstrakte Begriffswissen oder die Kenntnis der philosophischen Traditionen« (S. 104). Staunen wird als anthropologische Kompetenz dem Menschen zugeschrieben und ist insofern für die Arbeit in der Philosophischen Praxis nutzbar.
ad 22. Literaturbasiert wird in systemischen Weiterbildungen die Haltung des Staunens nicht thematisiert. Sehr wohl werden jedoch

Haltungen der Offenheit, Neugier, Neutralität und Allparteilichkeit in vielen Weiterbildungen reflektiert. Neugier, Unvoreingenommenheit, Allparteilichkeit und Neutralität seitens des Beraters kann im Modus des Staunens am leichtesten praktiziert werden.

23. Philosophische Praxis steht in der Tradition der europäischen Moralistik. Moralistische Autoren begegnen allen Regelwerken und autoritär definierten Moralsystemen skeptisch und kritisch. Insofern regen sie geistige Selbstständigkeit und Selbstverantwortung an – Hörigkeit zu predigen ist ihnen fremd. »Ihr Blick gilt dem Allzumenschlichen, dessen Ausdrucksweisen sie nuanciert und einprägsam nachzeichnen« (S. 106). Verdienst der Moralisten ist, »wichtige und bedenkenswerte Hinweise über den Zusammenhang zwischen Herz und Gehirn gegeben zu haben« (S. 106). Aphorismen der Moralistik sind daher ein wichtiger Bestandteil der Philosophischen Praxis.

ad 23. Eine noch stärkere Berücksichtigung der Weisen, mit dem Herzen zu denken, der motivationalen Triebfedern jenseits des vernünftigen Denkens und individueller Gefühlslagen, täte der systemischen Praxis gut. Mit der mittlerweile dominanten Orientierung an Zielen als Grundlage der Sozialen Arbeit, Beratung und Therapie werden die Dimensionen des Herzens vernachlässigt.

24. Mit dem Philosophischen Praktiker können bisherige Sinnerfahrungen und -vorstellungen diskutiert werden. Ein persönliches Sinn-Organ kann im Raum der Philosophischen Praxis entwickelt werden. Der Verweis auf Viktor Frankl ist hier obligatorisch. »Der persönliche Sinn, als das tragende und (an)treibende Element jedes Lebens, kann, besinnt man sich eigens auf ihn, zu einer großen Kraftquelle und zu einem wichtigen Orientierungsgeber für den Einzelnen werden; einem Orientierungsgeber, der ihn autonom gegenüber den häufig subtilen Einflüsterungen und Suggestionen fremder Sinnstifter und ihrer Sinnangebote macht« (S. 106).

ad 24. In systemischen Praxisfeldern können immer auch Sinnfragen thematisiert werden. Explizit geschieht dies in der Arbeit mit Familien, in denen Kinder an einem radikal anderen Lebensentwurf arbeiten als dem von den Eltern gewünschten, geforder-

ten und erhofften. Schon früh in der Geschichte der Familientherapie bot Helm Stierlin mit dem Denkmodell der »bezogenen Individuation« (Stierlin, 1989) einen theoretischen Rahmen, in dem über Fragen persönlich-individueller und familiärer Sinnentwürfe nachgedacht werden konnte.
25. Die Philosophische Praxis eröffnet den Raum, die Skepsis als philosophische Haltung kennenzulernen und zu ergründen, wie eine ganz persönliche eigene Form der Skepsis zu entwickeln ist und wie sie dem eigenen Leben dienlich sein kann. »Diese Entfaltung einer persönlichen Skepsis fördert die Autonomie gegenüber Denk- und Zweifelsweisen des eigenen Herkunftssystems mit dessen wohl nicht selten einschränkenden Vorannahmen und Werturteilen; eröffnet einen methodischen Zugang zu der Tätigkeit des Zweifelns, Infragestellens; […] und ermöglicht einen konstruktiven Umgang mit den sog. wissenschaftlichen wie den sog. unwissenschaftlichen Wahrheiten und Hypothesen« (Stölzel, 2009, S. 108).
ad 25. Eine in der systemischen Praxis etablierte Vorgehensweise ist das Hochrechnungsszenario. In diesem werden Entscheidungsoptionen, Denk- und Handlungsmöglichkeiten unter der Berücksichtigung ihrer positiven und negativen Aspekte kritisch bedacht. Hier hat sich eine multiperspektivisch ausgerichtete und skeptische Haltung als nützlich erwiesen. In diesem Zusammenhang werden Menschen darin begleitet, ihren persönlich sinnvollen und praktikablen Skepsis-Habitus zu entwickeln, um sich in ihrer Welt der Loyalitätsverpflichtungen und Wahlmöglichkeiten zu positionieren.
26. Philosophische Praxis ermöglicht, »die natürliche Fähigkeit des Fragens zu einer für den Einzelnen stimmigen Kompetenz« weiterzuentwickeln (S. 108). Philosophische Praxis ist nicht auf die Entwicklung von Lösungen fokussiert, sie orientiert sich mit Stölzel eher am Aphorismus von Erwin Chargaff: »Eine Antwort, die keine Frage enthält, ist wertlos« (Chargaff, zit. nach Stölzel, 2009, S. 109). »Es kann sich als sehr lohnend erweisen, die bisherigen Frageerfahrungen und Antwortversuche eigens zu betrachten und gegebenenfalls unerprobte Frage- und damit auch neue Antwortmöglichkeiten zu erschließen« (S. 108).

ad 26. Systemische Praxis fühlt sich in vielen Kontexten dem ethischen Imperativ »Handle stets so, daß die Anzahl der Möglichkeiten wächst« von Heinz von Foerster verpflichtet (Foerster, 1993, S. 49). In diesem Zusammenhang ist es plausibel, über Fragen immer neue Aspekte des Beschreibens, Erklärens und Bewertens in den Blick zu nehmen und Antworten immer nur als vorläufig und kontextbezogen passend zu bewerten.
27. »Der persönlichste und zugleich umfassendste Bezug zur Philosophie bzw. zum Philosophieren besteht m. E. im eigenen Existenzgefühl« (Stölzel, 2009, S. 109). »Denn gerade der Spürgang, die sog. Seinsfühlung (Karlfried Graf Dürckheim) der eigenen Existenz kann wesentliche philosophische Anliegen des Einzelnen erschließen, die eine wichtige Ergänzung des relationalen Selbstverständnisses und der kognitiven Kompetenzen, ja gewissermaßen deren Fundament bilden. Das Einbeziehen und Ernstnehmen der philosophischen Empfindungen, ja, wenn man will, der Weisheit des Organismus eröffnet zudem eine bedeutende Quelle der (Selbst-)Erkenntnis« (S. 109).
ad 27. Im Zuge von systemischen Weiterbildungen für die Arbeitsfelder von Beratung und Therapie wird meines Wissens im Zusammenhang mit der Selbsterfahrung immer auch das je ganz eigene Existenzgefühl thematisiert. Dies geschieht sicherlich vorwiegend im Rahmen der Herkunftsfamilie und der aktuellen Familiensituation. Dem Hinweis von Stölzel, dass die Denkfigur der »bezogenen Individuation« von Stierlin hier eine wichtige Reflexionsfläche bietet, werden viele Systemiker zustimmen.
28. Philosophische Praxis ermöglicht im Sinne von Karl Jaspers' »Existentieller Kommunikation«, dass der Mensch sich als »philosophisches Lebewesen« gerecht wird. In diesem Sinne bietet die Philosophische Praxis die Möglichkeit, sich zu kümmern »um die eigenen Weisheitsmöglichkeiten und damit die lebenslange Bemühung, das je individuelle philosophische Potential zu entfalten und in einem philosophisch gelebten Leben verantwortungsbewußt für sich wie für andere auszugestalten« (S. 111).
ad 28. Viele Systemiker werden ihre Kunden nicht in erster Linie als »philosophische Lebewesen« wahrnehmen. Sie werden sie aber als fragende Menschen sehen, denen es immer auch darum

geht, ein für sie gutes Leben in freier Selbstverantwortung zu leben. Vielleicht ist dies nicht so weit entfernt von der Sorge um und der Auseinandersetzung mit den eigenen Weisheitsmöglichkeiten.

29. »Die Philosophische Praxis tut – meiner Auffassung nach – gut daran, sich u. a. von den Ergebnissen der modernen Bewußtseinsforschung, der Lehre von der Autopoiese, des Konstruktivismus, der Kybernetik zweiter Ordnung sowie den wissenschaftstheoretischen und epistemologischen Positionen der Systemischen Therapie und Beratung, der Gestalt-Therapie, dem Focusing, der Provokativen Therapie, der Ideolektischen Gesprächsführung sowie der Ericksonschen Hypnotherapie anregen zu lassen« (S. 111 f.). »Am Ende des ersten Psychologie- und Therapiejahrhunderts sollten […] vor allem die philosophisch verwandten Ansätze […] im Dienste all derer, die sie in Anspruch nehmen, sich wechselseitig anregen, voneinander lernen und auf eine produktive Weise Kritik aneinander und Ergänzungsvorschläge füreinander machen« (S. 112).

ad 29. Dem können viele Systemiker nur zustimmen. Und ihnen sei empfohlen, sich von den Ideen Philosophischer Praktiker anregen zu lassen.

V Kommentierte Sprüche

*Das Glück besteht nicht darin, dass du tun kannst, was du willst,
sondern darin, dass du auch immer willst, was du tust.*

LEO N. TOLSTOI (09.09.1828–20.11.1910)

Eine Form des Glücks können wir uns vorstellen als den Zustand immer vorhandener Wahlfreiheit auf der Grundlage aktueller Bedürfnislagen und Wünsche. Bin ich angespannt und ermattet, gehe ich ins Wellnessbad, gönne mir ein Wochenende im Vier-Sterne-Hotel, kaufe mir eine CD, Schuhe oder ein Buch. Diese Form des Glücks kann als Bedürfnisbefriedigungsglück beschrieben werden. Es ist impulsgesteuert. Ein ausreichend gefüllter Geldbeutel ist Voraussetzung, um Glückszustände zu evozieren und in den Alltag zu integrieren. Glück stellt sich dann ein, wenn Wünsche in Erfüllung gehen, wenn man bekommt, was man begehrt. Alternativ wird Glückserleben an das Erreichen eines Ziels gekoppelt. Um solches Glück zu erfahren, wird als erster Schritt empfohlen, zu spüren und wahrzunehmen, was ich will und wie sich mir meine Bedürfnislage zeigt, und entsprechend zu handeln. Meistens ist unser Wille nicht hundertprozentig eindeutig. Wir sind aufgedreht, unter Strom, angespannt, haben das Bedürfnis nach Ruhe und wollen uns ausruhen. Wir wollen entspannen – aber wie genau wollen wir das machen? Wir wollen Urlaub machen – wo, mit wem, wozu? Immer wenn wir aufgrund unseres Nachdenkens – über das, was wir wirklich wollen – eine Entscheidung fällen, wissen wir, dass wir mit dem Treffen einer Wahl andere Möglichkeiten ausblenden, nicht realisieren können. Wir können nicht gleichzeitig das Museum of Modern Art in New York besuchen und uns auf einem Segeltörn im Ijsselmeer vergnügen. Sicherlich kann hier genaues Nachdenken und In-sich-Hineinspüren zu einer Entscheidung für das eine oder das andere führen. Hinzukommen muss aber noch, dass wir nach einer getroffenen Wahl innerlich zustimmen und nicht mehr mit uns und den ausgeschlagenen Alternativen hadern.

Tolstois Aphorismus weist auf das dialektische Verhältnis von Wollen und Tun hin, von Bedürfnis und Handeln – er deutet die wechselseitige Bedingtheit an, ohne sie auflösen zu können. Der maßgebliche Punkt besteht also darin, sobald eine Entscheidung getroffen wurde, diese auch anzunehmen und für richtig, sinnvoll und gut zu befinden. Zu wollen, wofür jetzt die Entscheidung gefallen ist, zu wollen, was ich tue.

Fragen:
- Welche Entscheidungen aus Ihrer Vergangenheit möchten Sie gerne rückgängig machen?
- Welche Geschehnisse aus der Vergangenheit möchten Sie gerne ungeschehen machen?
- Was nehmen Sie sich für die Zukunft vor?

Handlungsanregung:
- Wollen Sie das, was Sie tun.
- Stimmen Sie Ihrem situativen Handeln immer auch unter der Leitidee der »guten Gründe« zu.
- Unterstellen Sie Ihrem Handeln den Willen, so zu handeln.

Wer die anderen neben sich klein macht, ist nie groß.
JOHANN GOTTFRIED SEUME (29.01.1763–13.06.1810)

Um Probleme lösen zu können, ist es vorteilhaft, sich seiner eigenen Kompetenzen bewusst zu sein. Anders formuliert: sich selbstbewusst groß zu fühlen. Gleichzeitig kann es hilfreich sein, den Blick auf andere zu wagen, sich diesen in Gedanken zuzuwenden und sie vor dem inneren Auge neugierig zu betrachten und sich mit der Frage zu konfrontieren: Wie würden die anderen diese Schwierigkeit angehen, wie würden sie zu einer Lösung kommen?

Alternativ können Sie sich vergegenwärtigen, auf welche Menschen Sie herabschauen, welche Menschen Sie kleinmachen. Wenn Sie einen Menschen neben sich als geringer, weniger kompetent, weniger sozial etc. konstruieren, dann vergleichen Sie sich mit diesem im Hinblick auf bestimmte Kriterien. Kriterien, die Sie gewählt haben, Kriterien, bei denen Sie besser abschneiden. Dabei vernachlässigen Sie die Blicke auf die Fähigkeiten des anderen. Größe zeigen Sie nach J. G. Seume dadurch nicht. Sie nehmen sich sogar noch etwas, nämlich den Blick auf die Fähigkeiten des anderen. Sie können diesen jedoch nutzen, um Ihr Problem zu lösen. Den Blick auf die eigenen Fähigkeiten gilt es dabei zugleich zu bewahren.

Fragen:
- Wann sind Sie schon mal von anderen »kleingemacht« worden?
- Wann haben Sie andere Menschen »kleingemacht«?

Handlungsanregung:
- Würdigen Sie Ihre Mitmenschen als »gleich große« Menschen.
- Machen Sie Ihre Mitmenschen nicht klein.
- Unterstellen Sie Ihren Mitmenschen Größe.

Realist ist einer, der den richtigen Abstand zu seinen Idealen hat.
TRUMAN CAPOTE (30.09.1924–25.08.1984)

Oft wird zwischen Selbst- und Fremdbild unterschieden. Unter der Überschrift »Selbstbild« werden unsere Narrative, Geschichten über uns selbst, zusammengefasst. Das Selbstbild ist der theoretische Oberbegriff für unsere Antworten auf mehr oder weniger existenzielle Fragen. Was kann ich? Was kann ich weniger gut? Welche Erfahrungen machen mich aus? Wie möchte ich mein Leben gestalten? Letztlich kulminiert unser Selbstbild in der Beantwortung der Frage: Wer bin ich? Die Beantwortung dieser Frage wird von vielen Menschen häufig in geschönter Art und Weise formuliert. In diese verklärte Selbstbeschreibung lassen wir auch unsere Idealvorstellungen von uns selbst einfließen. Als Strategie der Selbstwerterhöhung ist dies plausibel und sinnvoll. Wenn wir mit einer Schwierigkeit konfrontiert sind, kann es hilfreich sein, neben unserem Selbstbild auch das über uns formulierte Fremdbild zu Rate zu ziehen. Selbst- und Fremdbild stimmen nicht immer überein – es ist der Mühe wert, sich mit beiden Perspektiven zu beschäftigen. Um ein Problem zu lösen, ist die Orientierung an einem Ideal, eventuell an einer idealen Lösung, sowohl dienlich als auch nachteilig; anders formuliert: ambivalent. Den richtigen Abstand zu seinen Idealen ausloten, um realistisch zu sein, heißt: Fähigkeiten einschätzen, Machbarkeit prüfen, Möglichkeiten in Betracht ziehen.

Fragen:
- Welche Ideale haben Sie?
- Welcher Abstand ist der richtige zu Ihren Idealen?
- Wie balancieren Sie Ideal und Abstand?

Handlungsanregung:
- Seien Sie sich Ihrer Ideale bewusst.
- Halten Sie den richtigen Abstand zu Ihren Idealen.
- Definieren Sie einen realistischen Blick auf Ihre Ideale.

*Es gibt mehr Ding' im Himmel und auf Erden,
als eure Schulweisheit sich träumt.*
WILLIAM SHAKESPEARE (26.04.1564–23.04.1616)

Über Jahrhunderte haben Menschen viele Erkenntnisse und ein großes Wissen über die Natur und ihre Ausprägungen sammeln können. Das Wissen um die Naturgesetze bildet die Grundlage vieler technischer Entwicklungen. Philosophie, Soziologie, Psychologie etc. entwickeln Theorien über den Menschen. Himmel und Erde, der Mensch im Verhältnis zur Erde, der Mensch und seine Stellung im Kosmos sind Forschungsgegenstände bzw. Fragestellungen unterschiedlicher Wissenschaften. Shakespeare definiert dieses gesammelte Wissen der Forschung als Schulweisheit, vor der wir uns bei unseren persönlichen Fragestellungen hüten sollten. Schulweisheiten ändern sich. Heute wird ein anderes Wissen als vor einhundert Jahren angeboten. Schulweisheiten sind historisch, sie sind im Kontext zu betrachten. Immer wenn wir uns mit Fragen, Problemlösungen auseinandersetzen, sollten wir all die vorläufigen Schulweisheiten für die Klärung unserer Fragen nutzen. Doch gleichzeitig dürfen wir uns mutig Gedanken und Erklärungen jenseits der Schulweisheiten zuwenden, um unsere Fragen zu beantworten und Probleme zu lösen.

Fragen:
- Wann sind Ihnen schon mal Phänomene begegnet, die mit der Schulweisheit nicht zu erklären waren?
- Was halten Sie von Theorien jenseits der Schulweisheit?
- Was gibt es für Sie im Himmel und auf der Erde für Phänomene, die die Schulweisheit für Sie nicht erklären kann?

Handlungsanregungen:
- Eignen Sie sich Wissen jenseits der Schulweisheiten an.
- Eignen Sie sich Schulwissen an, um das Wissen jenseits des Schulwissens identifizieren zu können.
- Seien Sie sich der Unvollständigkeit Ihres Wissens bewusst.

Was ist am Ende der Mensch anderes als eine Frage?
RAHEL VARNHAGEN VON ENSE (19.05.1771–07.03.1833)

Seit Beginn der Menschheit versuchen Menschen, das Wesen des Homo sapiens und seine Stellung im Kosmos zu ergründen. Philosophen und Theologen streben in Anthropologien und Theologien danach, diese Fragen universell zu beantworten – sie wollen beschreiben, was den Menschen an sich auszeichnet und ihn ausmacht. Viele stellen sich im Laufe des Lebens die Frage nach ihrem individuellen Selbstverständnis. Sie konfrontieren sich mit der Frage: Was ist meine Aufgabe in der Welt? Und immer wieder wissen wir, dass unterschiedliche Antworten auf diese Fragen möglich sind und dass sie meistens vorläufig sind. Nach einiger Zeit werden wir uns die gleiche Frage erneut stellen und sie anders beantworten. Auch als Menschen mit konkreten Schwierigkeiten dürfen wir uns selbst als Frage verstehen, als ein fragendes Wesen, das gezwungen ist, diese Fragen zu beantworten. Für Antworten auf unsere Fragen müssen wir uns entscheiden, und es ist entlastend zu wissen, dass aus diesen Antworten immer wieder neue Fragen hervorgehen werden.

Fragen:
- Wann begegnen Sie sich als fragendes Wesen?
- Welche Fragen machen Sie persönlich zu einem fragenden Wesen?
- In welchen Situationen sind Sie für sich eine Frage?

Handlungsanregung:
- Beantworten Sie die für Sie wesentlichen Fragen.
- Handeln Sie so, dass Sie Ihren Fragen gerecht werden.
- Formulieren Sie die Fragen, die Sie als einen Fragenden auszeichnen.

Krise ist ein produktiver Zustand.
Man muss ihr nur den Beigeschmack der Katastrophe nehmen.
MAX FRISCH (15.05.1911–04.04.1991)

Krise ist laut Duden eine »schwierige Situation, Zeit, die den Höhe- und Wendepunkt einer gefährlichen Entwicklung darstellt« (Duden, 1989, S. 902). In Krisen reagieren die Menschen sehr unterschiedlich. Krisensituationen, die uns existenziell nicht bedrohen, können wir uns reflektierend analytisch nähern. Wir können die Krise multiperspektivisch unter verschiedenen Fokussen beleuchten. Fragen wie: Wie kam es zu dieser Krise? Wer trug mit welchen Annahmen, welchem Handeln zu ihrer Entstehung bei? Auf welche Themen meines Lebens macht mich diese Krise aufmerksam? Mit welcher meiner Kompetenzen kann ich diese Krise bewältigen und aus ihr gestärkt hervorgehen? In diesem Sinne lassen sich große und kleine Fragestellungen bzw. Schwierigkeiten als Entwicklungsraum begrüßen, der keine Katastrophe ist. Krisen werden so zu Fingerzeigen oder eventuell auch Zaunpfählen. Stellen wir uns ihnen, können sie zu einem produktiven Zustand werden, der sich entwicklungsfördernd zeigt.

Fragen:
- Was sind für Sie die Merkmale einer Krise?
- Wie gehen Sie in Erinnerung an bisher erlebte Krisen mit Krisen um?
- Wann würden Sie eine Krise als Katastrophe bezeichnen?

Handlungsanregung:
- Definieren Sie für sich die Möglichkeiten und Chancen, die in einer Situation liegen.
- Nutzen Sie Ihre Situation für Ihre persönliche Weiterentwicklung.
- Beschreiben Sie Ihre Situation als Chance.

Mut ist oft Mangel an Einsicht, Feigheit dagegen beruht nicht selten auf guten Informationen.
PETER USTINOV (16.04.1921–28.03.2004)

Mut gilt Aristoteles als Tugend. Tugendhaftes Handeln meint immer das rechte Handeln zwischen zwei Extremen – es meint die rechte Mitte. Mutig im Sinne von Wagemut und von Übermut können wir leichter sein, wenn wir nicht alle Informationen bezüglich eines von uns geplanten Vorhabens haben. Verfügen wir über alle für ein Problem relevanten Informationen, neigen wir eher zum Zaudern. Vielleicht sehen wir genauer, welche Gründe für und welche gegen eine bestimmte Handlungsweise sprechen. Die Komplexität einer Situation in Augenschein nehmend, fühlen wir Ambivalenzen. Wir zaudern und zögern. Wenn wir ängstlich zögern, wenn wir mit vorsichtiger Skepsis handeln, kann dies auf guter Information beruhen. Wir wissen auch um die möglichen negativen Folgen. Menschen sind kontextabhängig mal mutig und mal feige. Der Aphorismus weist darauf hin, dass wir mutige Menschen weiterhin bewundern können, obwohl der Mut einen Beigeschmack bekommt – falls er auf mangelnder Einsicht beruht – und wir dürfen offen zugeben, feige zu sein. Die verpönte Feigheit wird dadurch, dass sie durch gute Informationen gewährt wird, aufgewertet. Bei der Entscheidung für Handlungen, bei der Reflexion einer Schwierigkeit ist es sinnvoll, uns nicht einschüchtern zu lassen von einem Vorwurf der Feigheit – vielleicht wird sie ja durch eine gute Information gerechtfertigt. Und wenn wir mutig sind, ist es angezeigt, einen kritischen Blick auf uns selbst zu werfen. Die Balance zu halten zwischen informationsinduzierter Feigheit und in die Tiefe gehenden Übermütigem hilft beim Lösen von Schwierigkeiten.

Fragen:
- An welche Situationen erinnern Sie sich, wenn Sie Mut und Einsicht zusammendenken?
- Wie setzen Sie Feigheit und gute Information in Ihrem Denken in ein Verhältnis?
- Wie sollten Mut und Einsicht in Ihrem Leben balanciert sein?

Handlungsanregung:
- Handeln Sie gemäß der Tugend der Tapferkeit – Tapferkeit ist eine Form rationalen Muts.
- Prüfen Sie die guten Gründe für Ihr Handeln, wenn Sie sich mutig fühlen.
- Bewerten Sie den Zustand der Feigheit nicht unmittelbar negativ – er könnte auf guter Information basieren.

Ja Schmerz! Nur du machst Menschen erst zu Menschen ganz.
ALPHONSE DE LAMARTINE (21.10.1790–28.02.1869)

Der Schmerz gehört zum Leben wie das Wohlbefinden. Wohlbefinden kann ohne das Wissen um den Schmerz nicht erfahren werden. Erst in der Polarität von Wohlbefinden und Schmerz werden wir uns der jeweiligen Gefühlszustände bewusst. Insofern gehören Schmerz und Wohlbefinden zusammen; das eine gibt es nicht ohne das andere, und erst der Schmerz macht den Menschen ganz. Die meisten Menschen bevorzugen Schmerzfreiheit. Viele Menschen sind bereit, sich medikamentös so behandeln zu lassen, sie nehmen neben dem positiven Effekt der Schmerzfreiheit auch die negativen Nebenwirkungen hin. Eine bewusste Entscheidung, die es zu respektieren gilt. Zu bedenken ist, dass Schmerzen auch eine hinweisende Funktion haben können. Sie machen uns darauf aufmerksam, dass etwas nicht stimmt.

Mit Schmerzen beladene Menschen zu begleiten, die Schmerzen mitzutragen, Trauer zu teilen, Kummer und Leid zu erdulden – auch das gehört zum »Ganzwerden« des Menschen.

Fragen:
- An welche Schmerzen erinnern Sie sich?

- Was bedeuten diese Erinnerungen für Ihr jetziges Leben?
- Inwieweit gehört für Sie der Schmerz zum menschlichen Leben?

Handlungsanregung:
- Nehmen Sie Schmerzen wahr, und stellen Sie sich die Frage, was er für Ihr Handeln bedeutet.
- Würdigen Sie den Schmerz anderer Menschen.
- Nehmen Sie Ihre Schmerzen an, und vertrauen Sie darauf, dass sie Sinn machen.

Lernen ist wie Rudern gegen den Strom.
Sobald man aufhört, treibt man zurück.
BENJAMIN BRITTEN (22.11.1913–04.12.1976)

Schwierigkeiten und Problemlagen, die uns beschäftigen, sind uns wohlbekannt. Wir stehen unter Zeitdruck, haben nur noch ein paar Tage, um eine oder mehrere Aufgaben zu erledigen. Die anstehenden Aufgaben wechseln. Der Zeitdruck, unter dem wir diese Verpflichtungen erledigen werden, erscheint uns hier als das unterschwellige Grundproblem. Für solche und ähnlich gelagerte Schwierigkeiten kann sicherlich jeder eine Aufstellung seiner ganz spezifischen Grundprobleme formulieren. Diese basieren oft auf erlernten, zur Gewohnheit gewordenen und antrainierten Verhaltensweisen. Diese werden nicht einfach so verschwinden. Wir werden uns entscheiden müssen, ob wir bereit sind, gegen den kräftigen, gemächlich dahinfließenden Strom der Gewohnheiten anzurudern. Und wir müssen uns entscheiden, ob wir dies über einen längeren Zeitraum tun möchten. Denn: Sobald wir mit dem Rudern aufhören, werden wir in unsere gelernten Gewohnheiten zurücktreiben.

Fragen:
- Welche Erfahrungen haben Sie mit dem Lernen gemacht?
- Wann haben Sie gegen den Strom gelernt?
- Wie sind Sie mit Situationen umgegangen, in denen Sie beim Lernen zurücktrieben?

Handlungsanregung:
- Lernen Sie – insbesondere dann, wenn Sie merken, dass Sie zurücktreiben.
- Wissen Sie um die Widerstände, die Ihnen beim Lernen begegnen, und stemmen Sie sich bewusst dagegen.
- Etablieren Sie in Ihren Alltag feste Lernkorridore.

Der Vorteil der Klugheit besteht darin,
dass man sich dumm stellen kann.
KURT TUCHOLSKY (09.01.1890–21.12.1935)

Ein breit gefächertes Sachwissen über eine Problemlage ist nützlich bei ihrer Bewältigung. Das Wissen ist notwendig, aber oft nicht hinreichend. Es gilt immer auch zu beurteilen, welche Teile dieses Sachwissens hilfreich bei der Problemlösung sein könnten. Ein zu großes Sachwissen kann eventuell dazu führen, den Blick für das Wesentliche zu verlieren. Dies entscheidet die Klugheit. Im Namen der Klugheit kann ich entscheiden, welches Wissen ich nutzen möchte und welchem Wissen gegenüber ich mich dumm stellen möchte. Im Umgang mit Schwierigkeiten und bei der Entwicklung von Lösungen scheint Klugheit eine probate Verfasstheit zu sein. Klugheit führt zu einer wohlwollenden, zurückhaltenden Haltung. Klugheit wähnt sich nicht im Zustand der Allwissenheit, sondern weiß, wie hilfreich es ist, Situationen und Sachlagen aus unterschiedlichen Blickwinkeln zu betrachten. Sie weiß darum, dass es unmöglich ist, alle Perspektiven gleichzeitig einzunehmen und sich so einen alle Facetten der Lage berücksichtigenden Überblick zu verschaffen. Klugheit sagt uns, wann wir uns dumm stellen dürfen.

Fragen:
- In welchen Situationen haben Sie sich schon mal bewusst dumm gestellt?
- Welchen Nutzen haben Sie aus dem bewussten Sichdummstellen gehabt?
- Wann war es für Sie schon mal von Vorteil, sich dumm zu stellen?

Handlungsanregung:
- Zeigen Sie nicht in jeder Situation, was Sie wissen und was Sie können.
- Ab und zu sollten Sie Ihr Wissen verbergen.
- Machen Sie es vom Kontext abhängig, ob Sie sich klug oder dumm zeigen möchten.

Worte sind die mächtigste Droge, welche die Menschheit benutzt.
RUDYARD KIPLING (30.12.1865–18.01.1936)

An uns gerichtete Worte zeigen Wirkung. Ein Liebesgeständnis, ein Lob oder Kompliment und auch eine abfällige Bemerkung gehen nicht spurlos an uns vorüber. Sie wirken: Wir sind euphorisiert, freudig erregt, deprimiert, melancholisch oder einfach nur wohlig entspannt. Nicht immer wirken Worte wie die uns bekannten herkömmlich konsumierten Drogen, aber auch Worte können uns in einen Rausch versetzen. Wir sind betört von einer Liebeserklärung, wir schweben im siebten Himmel. Und die negative Variante ist ähnlich stark: Eine Beleidigung oder üble Nachrede will uns einfach nicht mehr aus dem Kopf gehen, und wir umkreisen sie zwanghaft. Wie sollen wir das Gesagte bewerten? Wie nah geht es mir? Wie wichtig ist mir der Mensch, der dies gesagt hat? Bei der Entwicklung einer Lösung können wir uns immer auch fragen, welche Beschreibung auf uns in welcher Weise wirkt.

Fragen:
- Von welchen Worten sind Sie schon mal einmal verzaubert worden?
- Wann haben Sie eine Rede, eine Ansprache schon mal als Droge erfahren?
- Welche historischen Belege können Sie für die Stichhaltigkeit des Spruchs anführen?

Handlungsanregung:
- Bedenken Sie, welche Worte, Theorien, Gedankengebäude bei Ihnen als Droge wirken.

- Bedenken Sie, wann Sie Worte als Droge benutzen oder benutzen möchten.
- Vergegenwärtigen Sie sich, wie Sie Worte zur Selbstsuggestion oder als Umdeutungen verwenden.

Wir sind nichts; was wir suchen, ist alles.
FRIEDRICH HÖLDERLIN (20.03.1770–07.06.1843)

Selbstverständlich sind wir nicht nichts. Wir Menschen handeln, fristen unser Dasein, leben freudlos oder glücklich. Und solange wir dies tun, gestalten wir unser Leben. Meistens leben wir eine Mischung aus Glück und Leid und die Grautöne zwischen diesen beiden Polen. Die Extreme sind selten, und der Mittelbereich nimmt die meiste Zeit unseres Lebens in Anspruch. Wir sind immer schon, und damit hat es erst ein Ende, wenn wir nicht mehr sind.

Wir sind nicht. Wir sind noch nicht, was wir sein könnten. Wir sind noch nicht da, wo wir hin möchten. Wir sind noch auf der Suche, und dieses Suchen ist alles, was das Leben ausmacht. Wir sind als Suchende auf dem Weg. Für jede Frage, für jedes Problem ist es sinnvoll, sich als Suchender zu begreifen, als jemand, der noch nicht da ist, wo er hin möchte, dem die eigentliche Existenz noch aufgegeben ist.

Fragen:
- Was suchen Sie?
- Was wollen Sie? Was ist Ihr Ziel?
- Welche Potenziale schlummern in Ihnen?

Handlungsanregung:
- Begeben Sie sich immer wieder auf die Suche.
- Seien Sie sich bewusst, ob Sie etwas Bestimmtes suchen oder ob Sie nur einfach so suchen.
- Suchen Sie, suchen Sie alles.

Ein jedes Ding hat seine Zeit.
William Shakespeare (26.04.1564–23.04.1616)

Alles, was passiert, passiert in einem Kontext, in einem sozialen, in einem geographischen und auch in einem historisch-zeitlichen Kontext. Kommt eine Idee zu früh, ist sie zum Scheitern verurteilt. Dadurch kann sich für jemanden einige Jahre später die Chance ergeben, eine alte Idee neu zu denken, und eventuell schlägt sie nun ein. Oft wird eine Idee noch einmal gedacht und sie wird dabei keineswegs nur kopiert. Eine Idee allein macht noch nicht viel her. Sie braucht Menschen, die sie als eine neue und für sie bedeutsame Idee wahrnehmen. Und umgekehrt gilt auch: Eine Idee, deren Zeit abgelaufen ist, deren Zeit ist abgelaufen. Ideen überleben sich. Und wer mit einer Idee zu spät kommt, den bestraft bekanntlich das Leben. Skeptisch ist allerdings mit guten Gründen zu fragen, ob wirklich alle Ideen nur auf den richtigen Zeitpunkt warten müssen. Einige Ideen werden vielleicht immer wieder gedacht, und es scheint so zu sein, dass für sie nie die richtige Zeit gekommen ist.

Fragen:
- Für welche Dinge ist für Sie momentan die richtige Zeit?
- Für welche Tätigkeiten ist nun für Sie die richtige Zeit gekommen?
- Welche Zeit haben wir nun? Und welche Dinge sind daher für Sie zu tun?

Handlungsanregung:
- Handeln Sie zum richtigen Zeitpunkt.
- Überlegen Sie den richtigen Zeitpunkt für bestimmte Tätigkeiten.
- Bedenken Sie, dass bestimmte Tätigkeiten nur zu einer bestimmten Zeit ausgeführt werden können.

Es ist wahr, alle Menschen schieben auf, und bereuen den Aufschub.
Georg Christoph Lichtenberg (01.07.1742–24.02.1799)

Prokrastination, so der psychologisch-medizinische Fachterminus für das »Morgen, morgen, nur nicht heute«-Phänomen, ist den meisten Menschen bekannt. Nicht allen Anforderungen des Alltags und des Lebens begegnen wir mit unmittelbarem Tatendrang. Viele Aufgaben umgehen wir, weichen ihnen aus. Einige Menschen verfügen über die Gabe strukturierten Ausblendens und Verdrängens, andere sind auf Du und Du mit ihren zehn guten Gründen, warum dieser Anforderung heute nicht begegnet werden muss, sollte etc. Deutlich formuliert der Aphorismus das Aufschiebeverhalten als eine anthropologische Konstante und hebt hervor, dass es im Nachhinein bereut wird. Das Problem wurde nicht kleiner, die Umstände, es anzugehen, nicht günstiger, die Kraft und Energie wuchsen nicht in der Phase des Aufschiebens. Die Schlussfolgerung ist so einfach wie schwierig. Den Aufschub bereut man nur, und die Zeit des Schiebens ist meist auch nicht nur lustvoll. Die Dinge mit der Aussicht auf Freude anzupacken ist günstiger, als sie zu schieben mit der Aussicht auf Reue.

Fragen:
- Was möchten Sie aufschieben?
- Wovor möchten Sie sich drücken?
- Was steht auf Ihrer To-do-Liste und wird vermieden?

Handlungsanregung:
- Wissen Sie um das, was Sie aufschieben.
- Schieben Sie nicht die Tätigkeit auf, deren Aufschub Sie am morgigen Tag bereuen werden.
- Tätigen Sie keine Handlung, die dazu führt, dass Sie eine andere Handlung vermeiden, deren Unterlassen Sie bereuen werden.

Umwälzungen finden in Sackgassen statt.
BERTOLT BRECHT (10.02.1898–14.08.1956)

Alle sind wir schon mal mit unserem Auto in eine Sackgasse gefahren. Mit dem Fahrrad oder zu Fuß könnte man eventuell weiterkommen. Mit dem Auto muss man umkehren und einen anderen Weg suchen. Von Umwälzung kann nicht die Rede sein.

In einer Sackgasse sein, bedeutet feststecken, nicht weiterkommen, vor der Wand stehen, wir assoziieren Auswegslosigkeit. Wir suchen nach einem Ausgang, nach einer Alternative. Vielleicht können wir einfach nur resignativ umdrehen und den Weg zurückgehen, den wir gekommen sind. Das ist wenig verlockend – zumal, wenn wir ein Ziel verfolgt haben und nicht mit einer Sackgasse rechneten; wenn wir nicht auf uns zurückgeworfen werden wollten, wenn wir Licht, Helle und Weitblick erwarteten. In der Sackgasse sind wir mit uns selbst konfrontiert. Oft ist dies die Bedingung für die Möglichkeit von Veränderung. Vielleicht zeigt uns die Sackgasse eine Grenze auf. Und vielleicht brauchen wir diese Grenze, um radikaler zu denken und Umwälzungen in die Hand zu nehmen.

Fragen:
- Welche Erfahrungen haben Sie in Ihrem Leben mit Sackgassen gemacht?
- Welche Umwälzungen sind aus diesen Sackgassen hervorgegangen?
- Worin bestehen Ihre individuellen Marker für Sackgassen und Umwälzungen?

Handlungsanregung:
- Definieren Sie sehr deutlich und ausführlich Ihre Sackgassensituationen.
- Tun Sie dies bewusst und detailliert. Ihnen sollte die Definition der Sackgasse danach plausibel sein. Für Sie sollte die Definition wahr sein. Sie ist die Grundlage für Ihr Handeln.
- Beschreiben Sie Ihre Umwälzungsstrategien.

Bei gleicher Umgebung lebt doch jeder in einer anderen Welt.
ARTHUR SCHOPENHAUER (22.02.1788–21.09.1860)

In einem Krankenhaus gibt es Ärzte, Pflegepersonal, Reinigungskräfte, Qualitätsbeauftragte, Betriebswirte und last, but not least: Kranke, Herzkranke, Fußkranke, und Menschen, die vom Arzt als krank diagnostiziert wurden und dies für sich anders sehen. Sie empfinden sich nicht als krank, sie beschreiben sich als gesund, erklären ihre Symptome nicht wie der behandelnde Arzt. All diese Menschen leben und arbeiten in der gleichen Umgebung und sind doch in ihren unterschiedlichen Welten. Sie beschreiben die gleiche Umwelt ausgehend von ihren Erfahrungen, ihren Werten und ihren jeweiligen Einschätzungen von Situationen. Menschen zu beraten ist spannender und leichter, wenn wir unsere Kooperationspartnerinnen in ihren Konstruktionen radikal ernst nehmen, indem wir ihre Sichtweisen, Erklärungen und Bewertungen würdigen und zu verstehen versuchen. Im Anschluss daran dürfen wir wohlwollend Fragen stellen, in Zweifel ziehen und unsere Gegenüber einladen, mit ihnen gemeinsam Hochrechnungen unter folgenden Aufmerksamkeitsfokussen zu formulieren: Welche Folgen hat ihre Art und Weise, die Welt zu sehen? Welchen Preis müssen sie dafür zahlen? Welche alternativen Sichtweisen sind für sie möglich und plausibel, und welche Folgen hätten sie?

Fragen:
- Bei welcher Begebenheit erschien Ihnen dieser Spruch wahr?
- Wie erklären Sie sich, dass eine gleiche Umgebung sehr unterschiedlich wahrgenommen werden kann?
- Welche Bedeutung einer für Sie relevanten Umgebung fällt bei Ihnen ganz anders aus als bei anderen?

Handlungsanregung:
- Gehen Sie davon aus, dass Sie die Umwelt auf eine bestimmte Art und Weise sehen.
- Berücksichtigen Sie bei Ihren Handlungen die Art und Weise, wie Sie Ihre Umwelt(en) beschreiben.
- Berücksichtigen Sie bei Ihrem Handeln die jeweiligen Beschreibungen der Umwelt(en) durch andere Menschen.

Das Schicksal mischt die Karten, wir spielen.
ARTHUR SCHOPENHAUER (22.02.1788–21.09.1860)

Je nach religiöser Überzeugung, philosophischer Orientierung und geglaubtem Lebens- und Welterklärungsmodell verfügen Menschen über mehr oder weniger Schicksal. Schicksal kann als ein Erklärungsmodell begriffen werden. Glaube ich an Schicksal, bin ich mit meinem individuellen konfrontiert. Schicksal ist so ein Denkmodell, ein Theoriekonstrukt, mit dem ich mir mehr oder weniger alles erklären kann, was ich für mich plausibilisieren möchte. Im Glauben an das Schicksal können wir Widrigkeiten und Ereignisse als ein uns Gegebenes, als ein über uns Verfügtes, als Bestimmung, der wir nicht ausweichen konnten, begreifen. Das Schicksal haben wir nicht gewählt, wir haben uns nicht dafür entschieden. Es standen uns nicht mehrere Schicksalsangebote zur Verfügung. Wenn wir es allerdings als ein Konstrukt begreifen, dann sieht es anders aus. Dann können wir es gegen ein anderes Erklärungsmodell austauschen.

In asiatischen Philosophien hat das Schicksalskonzept einen hohen Stellenwert, in abendländischen einen weniger grundlegenden. Schopenhauer kombiniert in seinem Aphorismus beide Konzepte. In Konfrontation mit einem Problem kann es hilfreich sein, dieses als Schicksal zu akzeptieren, es ernst zu nehmen und anzunehmen. Situationen können als Schicksal akzeptiert werden. So wie der Bildhauer den vor ihm liegenden Stein akzeptieren muss, denn er hat nur diesen, mit diesem ist er konfrontiert; ihn gilt es zu bearbeiten. Jetzt kann er dies tun, er kann wählen, wie er ihn beschlägt. Beim Kartenspiel werden die Karten von jemand anderem gemischt. Ich habe sie nicht gewählt. Sie sind mir gegeben. Jetzt kommt es auf mein Können an, mit diesen mein Spiel zu meistern.

Fragen:
- Wie verstehen Sie die Idee des Schicksals?
- Welche Karten hat Ihnen das Schicksal zur Verfügung gestellt?
- Welches Spiel möchten Sie mit diesen Karten spielen?

Handlungsanregung:
- Nutzen Sie die Freiheitsgrade und die Handlungsmöglichkeiten, die Sie haben.
- Nutzen Sie Ihre Spielmöglichkeiten.
- Nehmen Sie Ihre Karten zur Kenntnis, und nutzen Sie sie beim Spielen.

*Man muss mehrere Vorbilder haben,
um nicht die Parodie eines einzigen zu werden.*
ERICH KÄSTNER (23.02.1899–29.07.1974)

Schwierigkeiten und Problemlagen müssen wir meistens allein lösen. Wir können uns jedoch Beistand gegen Bezahlung oder im privaten Umfeld organisieren. In Beratungen werden problematische Situationen reflektiert, analysiert, und eventuell entwickeln wir mögliche Optionen, mit ihnen umzugehen. Sie umzusetzen liegt in den Händen des Klienten, Berater begleiten sie dabei wertschätzend. Therapie kann auf verschiedene Weise das Leiden der Klientinnen lindern. Sich vom Leiden »verabschieden« ist ein Prozess des Problemlösens, den nur der Klient allein vollziehen kann. Bei Schwierigkeiten wissen wir häufig, welche Hinweise und Ratschläge wir von guten Freunden auf Nachfrage und vielleicht auch ungefragt bekommen würden. Wir haben Ideen darüber, wie unsere Vorbilder Probleme lösen würden. Diese Ideen können für uns eine Ressource sein. Wir dürfen uns diese Vielfalt vergegenwärtigen und uns eigensinnig für unsere Lösung entscheiden. Dabei kann es hilfreich sein, darauf zu achten, dass wir nicht gemäß einem Vorbild handeln, sondern die Vielfalt der Handlungsoptionen unserer Vorbilder zu nutzen. Sich der Vielzahl seiner Vorbilder bewusst zu sein, macht es fast unmöglich, die Parodie eines einzelnen zu werden. Beruhigend kann angemerkt werden: Selbst bei der Übernahme der Problemlösestrategien eines einzigen Vorbildes werden wir es immer selbst sein, der handelt – daher ist es auch hier unwahrscheinlich, eine Parodie zu werden. Auch unser einziges Vorbild deckungsgleich zu kopieren wird uns nicht gelingen.

Fragen:
- Welche Vorbilder haben Sie?
- Wie unterscheiden sich Ihre Vorbilder?
- Welche Bedeutung haben diese Vorbilder für Sie?

Handlungsanregung:
- Nutzen Sie Ihre Vorbilder.

- Überlegen Sie sich, welche Facetten Ihnen an Ihren Vorbildern gefallen.
- Schaffen Sie sich ein Vorbildpotpourri.

Dinge zu bezweifeln, die ganz ohne weitere Untersuchung jetzt geglaubt werden, das ist die Hauptsache überall.
GEORG CHRISTOPH LICHTENBERG (01.07.1742–24.02.1799)

Immer gibt es Dinge, die »jetzt geglaubt werden«. Weil es immer zeitspezifische Probleme und Schwierigkeiten gibt. Solche Modeerscheinungen, Modesätze begegnen uns in Form von Erklärungen und Bewertungen. Viele Selbsthilfebücher aus dem populärwissenschaftlichen Bereich funktionieren danach. Buchtitel wie »Gelassen und sicher im Stress« (Kaluza, 2014), »Erkenne die Zeichen deines Körpers« (Bach, 2004), »Was die Seele glücklich macht« (Stelzig, 2009) geben ein Erklärungsmuster vor und generalisieren dieses. Sie können durchaus erhellend und gewinnbringend zu lesen sein. Oft lösen sie unser ganz eigenes persönliches Problem nicht.

Probleme und Schwierigkeiten erhalten – solange es nicht die eigenen sind – ihre Attraktivität dadurch, dass ihnen der Freund und der Arbeitskollege mit raschen Tipps und Lösungsvorschlägen gegenübertreten. Diese schnell gemachten Angebote zum Umgang mit den Problemen sind mit Vorsicht zu genießen – vielleicht entsprechen sie nur der vorherrschenden Mode und sind allgemeine Schnellschusserklärungen des Tuns. Der Spezifizität des individuellen Problems werden sie selten gerecht. Insofern mahnt der Aphorismus, unsere eigenen und fremden Lösungsideen kritisch zu untersuchen und ihnen die Frage zu stellen: nur eine Modeidee oder hilfreich für mich?

Fragen:
- An welchen momentan hoch im Kurs stehenden Sätzen möchten Sie gerne zweifeln?
- Inwiefern haben Sie schon einmal erlebt, dass sich Zweifeln lohnt?
- Wo gehen Sie nach der Mode?

Handlungsanregung:
- Identifizieren Sie die für Sie und Ihre Fragestellung momentan wichtigen Modeerscheinungen.
- Stellen Sie immer kritische Fragen an Modeerscheinungen.
- Handeln Sie nicht nach Sätzen, die zur Mode geworden sind.

Zweifel ist der Weisheit Anfang.
RENÉ DESCARTES (31.03.1596–11.02.1650)

Einer oberflächlichen Skizzierung von Schwierigkeiten stehen wir kritisch gegenüber. Mit der ersten Lösungsidee für unser Problem sind wir oft nicht zufrieden. In beiden Fällen melden wir Zweifel an, wir fragen genauer nach, wir prüfen in skeptischer Grundhaltung. Wenn wir aus unterschiedlichen Perspektiven Lösungen in Frage stellen, dann machen wir den ersten Schritt auf dem langen Weg zur Weisheit. Diesen muss man nicht gehen, nicht jeder möchte weise werden.

Fragen:
- Wie haben Sie es erlebt, dass Sie durch Ihr Zweifeln weise geworden sind?
- Wie oft zweifeln Sie an den Aussagen anderer?
- Wie begegnen Sie Ihrem Zweifel?

Handlungsanregung:
- Zweifeln Sie an allem, was Ihnen zweifelswert erscheint.
- Zweifeln Sie, und tun Sie so, als ob Sie weise wären.
- Formulieren Sie eine »Zweifelliste«, und arbeiten Sie diese ab.

Nur die Sache ist verloren, die man aufgibt.
nach FRIEDRICH SCHILLER (10.11.1759–09.05.1805)

Im jahrelangen Kampf gegen chronische Problemlagen bleiben diese oft die Sieger. Zwanzig Kilo Übergewicht halten sich hartnäckig, die Unordnung am Arbeitsplatz stellt sich auf wundersame Weise hinter unserem Rücken immer wieder her. Viele Versuche, Herr der Probleme zu werden, sind gescheitert. Wir haben das Problem mittlerweile unser eigen genannt, wissen nicht, wie wir uns von ihm trennen können. Mit Schiller dürfen wir Mut schöpfen. Er lässt uns wissen, dass die Problemgemeinschaft nicht notwendigerweise ewig währt. Denn solange wir die Alternative, unser Ziel, »die Sache« nicht aufgeben, so lange dürfen wir hoffen. Wenn Sie keinerlei Hoffnung mehr haben, selbst etwas bewirken zu können, dann wissen Sie, dass die Dinge schlecht stehen. Doch sobald Sie aufgeben, werden Sie nicht wirksam sein. Ein angestrebtes Ziel werden Sie vielleicht dennoch erreichen, aber eben nicht durch Ihr Zutun. Eher durch das Tun anderer. Wenn keine Hoffnung mehr besteht, versiegt die Quelle des Kämpfens. Wenn Sie an die Kraft der Selbstwirksamkeit glauben, bleibt Ihnen nichts anderes übrig, als zu kämpfen. Sie dürfen sich der Auseinandersetzung stellen. Sie können immer wieder am Ball bleiben – wenn Sie wollen.

Fragen:
- Welche Sache möchten Sie gern aufgeben?
- Welche Sache ist durch Ihre Mutlosigkeit verloren gegangen?
- Bei welchen Angelegenheiten haben Sie durch Nichtaufgabe schon einmal Erfolge erzielt?

Handlungsanregung:
- Schätzen Sie Ihren Kampfwillen, Ihre Stärke, Ihre Kraft, Ihr Durchhaltevermögen ein.
- Überlegen Sie, welchen Preis Sie dafür zahlen, wenn Sie aufgeben.
- Machen Sie eine Abwägung zwischen Aufgeben und Durchhalten.

Wer seine Angst zugibt, muss viel Mut haben.
UNBEKANNT

Ab und zu ängstigen uns Probleme und Schwierigkeiten. Das Gefühl der Angst begleitet aber nicht notwendigerweise ein uns drängendes Problem. Die Angst gehört nicht zum Problem. Wenn wir an Lösungsideen arbeiten, begleiten uns gelegentlich Ängste in der

Variante der negativen Vorwegnahme der zukünftigen Ereignisse oder in der Form von leichten Befürchtungen. Ängste dürfen wir als wichtige Hinweise begreifen; es gilt, sie ernst zu nehmen. Dies erfordert Mut. Eventuell so viel Mut, dass wir uns eingestehen müssen, dass die vermeintliche Lösung für uns doch keine ist.

Wir wissen nicht, ob unsere Kräfte ausreichen, Schwierigkeiten zu bewältigen, unsere Phantasie ausreicht, kreative Lösungen zu entwickeln, und wir genügend Disziplin haben, die Ideen in die Tat umzusetzen. Ängste scheinen so vernünftige unvermeidliche Begleiter bei der Arbeit an Schwierigkeiten und Lösungen zu sein. Insbesondere den mit Lösungen oft verbundenen negativen Nebeneffekten gilt es ins Auge zu sehen, und dafür bedarf es Mut.

Fragen:
- An welche Situationen, in denen Sie Angst hatten, erinnern Sie sich?
- Wie empfanden Sie damals Ihren Mutlevel?
- Für das Eingeständnis welcher Angst fehlt Ihnen der Mut?

Handlungsanregung:
- Stellen Sie sich Ihrer Angst.
- Formulieren Sie die Dinge, die Ihnen Angst machen.
- Vergegenwärtigen Sie sich Situationen, in denen Sie mutig waren.

Was soll ich viel lieben, was soll ich viel hassen:
Man lebt nur vom Leben lassen.
JOHANN WOLFGANG VON GOETHE (28.08.1749–22.03.1832)

Wird hier ein Leben im Zustand des gelassenen Gleichmuts oder eher aus einer mittelschweren Depression heraus beschrieben? Einem Zuviel der großen Gefühle begegnen wir mit Skepsis – sowohl positive als auch negative Gefühle im Übermaß werden oft als ungünstig und nicht passend für das eigene Leben und das der anderen verstanden. Sich selbst in keine extremen Gefühle zu begeben wird empfohlen. Extreme Gefühle der Liebe und des Hasses binden uns, sie fesseln uns an andere Menschen; im Extremfall machen sie uns abhängig. Wir sind weniger bei uns selbst und können uns nicht auf uns selbst beziehen. Dies kann zuweilen ungünstig für das Lösen von Problemen sein. Im Zustand des Gleichmuts, des Geschehenlassens, erreichen wir eine Form der Unabhängigkeit, die uns befähigt, mit klarem Blick und unabhängig von Bindungen ein Problem zu analysieren, eine Lösungsidee zu entwickeln und diese umzusetzen.

Fragen:
- In welchen Situationen in Ihrem Leben gelingt es Ihnen, sich an diesem Leitsatz zu orientieren?
- Wann macht es Ihnen Schwierigkeiten, sich an diesen Spruch zu halten?
- Wie möchten Sie es noch besser hinbekommen, sich an diesen Leitsätzen zu orientieren?

Handlungsanregung:
- Konzentrieren Sie sich auf das eigene Leben.
- Konzentrieren Sie sich auf das eigene Leben – ohne große Gemütsschwankungen.
- Stehen Sie großen Gefühlen wie Liebe und Hass bei der Lösung von Problemen skeptisch gegenüber.

Freiheit bedeutet Verantwortlichkeit.
Das ist der Grund, weshalb die meisten Menschen
sich vor ihr fürchten.
GEORGE BERNARD SHAW (26.07.1856–02.11.1950)

Die Kopplung von Freiheit und Verantwortlichkeit macht deutlich, dass freies Handeln als ein entscheidendes Handeln begriffen werden kann. Handeln, das wählt, zeigt sich als eine Aufgabe der Freiheit. Und die Wahl zwischen verschiedenen Bewältigungs- oder Lösungsstrategien ist eine freie Wahl. Danach hat man die Verantwortung zu tragen. Wenn wir uns zu einer Lösung entschließen, ist dies unsere Entscheidung, unsere Wahl – dann tragen wir für diese Verantwortung. Fürwahr: Das könnte ein Grund zum Fürchten sein.

Fragen:
- Wie verstehen Sie die Definition von Freiheit?
- Mit welchen Gründen stimmen Sie der Definition zu, mit welchen guten Gründen nicht?
- Wie hängen für Sie Freiheit und Verantwortung zusammen?

Handlungsanregung:
- Nutzen Sie Ihre Möglichkeiten der Freiheit.
- Übernehmen Sie Verantwortung für Ihre Entscheidungen.
- Fürchten Sie sich nicht vor der Übernahme von Verantwortung.

Man muss das Eisen schmieden, solange es heiß ist.
TERENZ (195 v. Chr.–159 v. Chr.)

Schmieden lässt sich ein Eisen bei 800 bis 1200 Grad Celsius. Dem Schmied bleibt so nicht viel Zeit, Hand anzulegen und dem Eisen die von ihm gewünschte Form zu geben. Phasen der Problemanalyse können ebenfalls knapp bemessen sein; die Zeit, eine Lösung zu entwickeln, ist oft begrenzt. Solange uns das Problem bedrängt, es uns unter den Nägeln brennt, solange wir die Kraft spüren, es zu lösen, sind Problem und Lösung heiß. Es gilt, jetzt zu handeln. Zaudern wir zu lang, werden wir vielleicht nur in geringem Maß handelnd unsere Zukunft beeinflussen.

Fragen:
- Welches Eisen sollten Sie momentan schmieden?
- Was können Sie tun, um das Eisen wieder zu erhitzen?
- Welches Eisen haben Sie nicht geschmiedet, solange es heiß war?

Handlungsanregung:
- Legen Sie den richtigen Zeitpunkt des Handelns fest.
- Überlegen Sie die günstigen Rahmenbedingungen für Veränderung.
- Prüfen Sie die Temperatur des Eisens.

*Niemand ist so beflissen, immer neue Eindrücke zu sammeln,
als Derjenige, der die alten nicht zu verarbeiten versteht.*

MARIE VON EBNER-ESCHENBACH (13.09.1830–12.03.1916)

Zahlreiche Soziologen, Kulturwissenschaftler und Ökonomen beschreiben moderne Gesellschaften unter der Kategorie »Geschwindigkeit« und konstatieren eine allgemeine Beschleunigung. Eine Zunahme der Geschwindigkeit in Form einer Rhythmussteigerung aller Tätigkeiten kann als eine Folge der Universalisierung neoliberaler, kapitalistischer Verhältnisse verstanden werden, positiv formuliert: als eine Folge der Hervorbringung und des Genusses von Vielfalt. Für unseren Aphorismus ist dies sekundär. Viele unserer dadurch bedingten alltäglichen Problemlagen sind uns nicht neu. Wir erahnen, dass ein neues Problem nur die Wiederkehr einer alten Konstellation einer Schwierigkeit sein könnte. Und hier könnte es hilfreich sein, sich nicht gleich auf die Suche nach neuen Lösungsideen zu begeben, sondern uns Zeit zu nehmen, uns möglicher Bedeutungen vergangener Probleme zuzuwenden und uns zu fragen, wie wir diese damals lösten oder wie wir ihre Lösung vermieden.

Menschen, die sehr bewusst einer Tätigkeit nachgehen, die sich ausschließlich einer Situation hingeben und diese Tätigkeit im Hinblick auf ihre Auswirkungen reflektieren, »verarbeiten«, sind vom hyperaktiven Streunen nach immer neuen Sensationen, Bildern, Eindrücken entlastet. Einmal eine Problemkonstellation richtig verstanden zu haben kann uns davon befreien, sie immer wieder zwanghaft zu wiederholen.

Fragen:
- Welche Eindrücke sollten Sie noch besser verarbeiten?
- Bei welchen Themen sammeln Sie immer neue Eindrücke – obwohl Sie erahnen, dass Sie alte noch besser verarbeiten sollten?
- Was verleitet Sie dazu, alte Eindrücke nicht ausreichend zu verarbeiten?

Handlungsanregung:
Vertiefen Sie sich in einen Gedanken, lesen Sie ein Buch, beschäftigen Sie sich intensiv mit einer Thematik und nicht mit zu vielen gleichzeitig.

- Wenn Sie eine Sache begriffen haben, dann können Sie an einer anderen Sache weitermachen.
- Versuchen Sie, die Sachen miteinander zu verbinden.

Es ist leichter, eine Lüge zu glauben, die man tausendmal gehört hat, als eine Wahrheit, die man noch nie gehört hat.
ROBERT WILSON LYND (20.04.1879–06.10.1949)

Bevor George W. Bush die Bombardierung des Iraks befahl, wurde als Legitimation für dieses Handeln eine Lüge angeführt und geglaubt. Wie George W. Bush und sein damaliger Außenminister Colin Powell inzwischen zugegeben haben, war das Regime von Saddam Hussein weder in die Anschläge vom 11. September 2001 verwickelt, noch waren Anschläge mit Massenvernichtungswaffen in den USA geplant. Diese Lüge war ein der amerikanischen und der Weltöffentlichkeit bewusst angebotenes Narrativ, eine strategische, zur Verfolgung der eigenen Interessen intelligent platzierte falsche Aussage. Sie legitimierte das militärische Handeln. Die meisten Menschen haben sie ganz selbstverständlich geglaubt. Die Lüge erschien vielen Menschen plausibel. Die vermeintliche »Problemlösung« basierte auf einer falschen erklärenden Beschreibung. Auch in unserem Alltag kann es immer wieder hilfreich sein, nicht vorschnell den gängigen Erklärungen zu glauben, wir dürfen ihnen skeptisch gegenübertreten. Und nicht nur Skepsis gegenüber wohlfeilen Wahrheiten ist angebracht, auch Offenheit gegenüber auf den ersten Blick »unglaublichen« Beschreibungen, Erklärungen und Theorien.

Fragen:
- Wann haben Sie einer Lüge Glauben geschenkt?
- Welcher Wahrheit, die Sie zum ersten Mal hörten, standen Sie skeptisch gegenüber?

Handlungsanregung:
- Zweifeln Sie immer auch an dem, was Ihnen sofort einleuchtet.
- Prüfen Sie jede Aussage.

Wer glaubt, auf andere nicht angewiesen zu sein, wird unerträglich.
Luc de Clapiers Vauvenargues (06.08.1715–28.05.1747)

Menschen, die ihr Leben im Griff haben, es autonom, selbstbewusst und eigensinnig führen, genießen Respekt und Anerkennung. Teilweise beobachten wir sie neidisch und wünschen uns, es ihnen gleichzutun. Wir erhoffen uns eine erfolgreiche und glückende Verwirklichung unserer Talente, Kompetenzen und Möglichkeiten. Es erfüllt uns mit Befriedigung, unser Leben selbst in der Hand haben. Selbststeuerung, Selbstmächtigkeit in der Orientierung an freiwillig gewählten Zielen begünstigt das Erleben von Zufriedenheit und Glück. Skeptisch bis ablehnend begegnen wir Menschen, die uns signalisieren: »Ich mache alles allein, und ich mache alles richtig – wer, wenn nicht ich?« Menschen ohne Blick für ihre Schwächen, Schattenseiten und Unzulänglichkeiten sind blind für die Hilfe und Unterstützung anderer. Sie verweigern dadurch dem Gegenüber eine Gleichberechtigung auf Augenhöhe. Diese Menschen sind uns suspekt, die Beziehung zu ihnen gestaltet sich eindimensional. Der Aphorismus ermuntert uns, Hilfe von anderen anzunehmen. Um Unterstützung zu bitten ermöglicht uns, anderen Menschen Anerkennung zu zollen.

Fragen:
- Wann waren Sie das letzte Mal auf einen anderen Menschen angewiesen?
- Auf welche Weise hat Sie diese Erfahrung, auf andere angewiesen zu sein, verändert?
- Was können Sie dazu beitragen, sich gut helfen zu lassen?

Handlungsanregung:
- Gehen Sie auf andere Menschen zu, und offenbaren Sie ihnen, dass Sie sie brauchen.
- Wenn Sie spüren, dass Sie die Dinge allein regeln wollen, spüren Sie nach, ob Ihnen das guttut.
Muten Sie sich anderen Menschen zu.

*Oft sind Erinnerungen ganz vortreffliche Balancierstäbe,
mit welchen man sich über die schlimme Gegenwart
hinwegsetzen kann.*

Theodor Mundt (19.09.1808–30.11.1861)

Große und kleine Krisen bringen den Menschen aus der Balance; wir können dann nicht mehr das gegenwärtige Leben erhobenen Hauptes durchschreiten. Wir fühlen uns in solchen Momenten nicht richtig im Lot, wir sind wackelig auf den Beinen. Die Gegenwart zu genießen fällt uns schwer. Eventuell nehmen wir sie als bedrohlich wahr, für uns ist sie schlimm. In diesen Situationen dürfen wir uns gute Erinnerungen erlauben. Erfolge, Momente der Freude, Situationen erlebten Glücks, Situationen, in denen wir belastende Ereignisse erfolgreich bewältigt haben, können zur Kraftquelle werden. Erinnern wir uns an gelungene Situationen aus der Vergangenheit, leuchten diese auch in die Gegenwart. Sie aktivieren unseren Hormonhaushalt – das Erleben von Freude und die Erinnerung an freudige Momente führt zur Ausschüttung von Serotonin. Und so können Erinnerungen ganz vortreffliche »Balancierstäbe« sein für die schlimme Gegenwart – für die Situation, in der wir uns um die eigene Balance bemühen.

Fragen:
- Worin bestehen für Sie die schönsten Erinnerungen?
- Wie können Sie diese Erinnerungen für die Gegenwart nutzen?
- Wie bringen Sie die guten Erinnerungen und die schlimme Gegenwart in Zusammenhang?

Handlungsanregung:
- Erinnern Sie sich an Ereignisse, in denen Sie sich kompetent, stark oder wohlgefühlt haben. Nutzen Sie diese Erinnerungen für die jetzige Situation.
- Vergegenwärtigen Sie sich Ihre Erinnerungen.

Das Denken und die Angst sind schlechte Partner.
Wer zu denken beginnt, muss zunächst die Angst aussperren.
ERNST JÜNGER (29.03.1895–17.02.1998)

Erkenntnisse der Hirnforschung boomen, die Neurobiologie avanciert zur neuen Leitwissenschaft. Das bewusste, rational argumentativ begründete Denken wird dem Großhirn zugeschrieben. Angst als starke Gefühlsreaktion wird in der Amygdala lokalisiert. Überwältigt uns die Angst, reagiert unser Hirnstamm, das sogenannte Reptiliengehirn, mit Aggression, Totstellreflex oder Flucht. Wer sich wehrt, in sprachlose Totenstarre verfällt oder die Beine in die Hand nimmt, handelt adrenalingesteuert und ist im Stress. Das Großhirn ist dann nur noch im Standby-Zustand aktiv. Denken ist nicht möglich. Wer sich auf das Denken einlässt, auf das spielerische oder klare Durchdenken von Problemen und Lösungen, dem wird radikale Offenheit empfohlen. Man sollte sich jeglicher Scheuklappen entledigen: Beim Denken ist alles erlaubt – wer sich durch Gefühle wie Angst beschränken lässt, meidet den klaren Blick auf die Situation.

Fragen:
- In welchen Zusammenhang stellen Sie Angst und Denken?
- Welche Gedanken machen Ihnen Angst?
- Wovor fürchten Sie sich? Und wie können Sie die Angst aussperren?

Handlungsanregung:
- Lassen Sie sich beim Denken, beim Antizipieren von Situationen, bei der Analyse von Situationen durch Ihre Ängste nicht beeinflussen.
- Erlauben Sie sich, alles zu denken.
- Denken Sie radikal, und ängstigen Sie sich nicht vor Ihren Gedanken.

*Gibt es schließlich eine bessere Form, mit dem Leben fertig zu werden,
als mit Liebe und Humor?*
CHARLES DICKENS (07.02.1812–09.06.1870)

Humor hat viele unterschiedliche Facetten. Wem ein Missgeschick widerfährt, wer an der Lösung eines Problems arbeitet, wer unter Schwierigkeiten leidet, gar weder ein noch aus weiß und seine Lage durch die Humorbrille betrachten kann, ist ein gutes Stück weiter. Humor macht einen Unterschied, der einen Unterschied macht. Humor schafft Distanz zu einer Schwierigkeit, Humor relativiert die Dramatik eines Problems. Durch seine distanzierende und relativierende Funktion und Wirkung gibt er den Weg frei, eine gelassene Haltung gegenüber den Problemen zu entwickeln. Eventuell können wir durch Humor unsere Denkmöglichkeiten erweitern.

Fragen:
- Welche Situationen in Ihrem Leben haben Sie schon mit Humor gemeistert?
- Was schätzen Sie an Ihrem ganz persönlichen Humor?
- Gibt es für Sie Grenzen für den Humor?

Handlungsanregung:
- Lachen Sie über Ihr Leben.
- Lachen Sie über Situationen in Ihrem Leben.
- Lachen Sie über die Situationen, die Sie belasten.

Gibst du auf die kleinen Dinge nicht Acht, wirst du Größeres verlieren.
MENANDER (342/341 v. Chr.–291/290 v. Chr.)

Schwierigkeiten und Probleme kommen nicht aus dem Nichts, sie entwickeln sich. Gegenwärtige Probleme haben ihre Entstehungsgeschichte, sie waren nicht immer so groß, wie sie uns momentan erscheinen. Jede Schwierigkeit hat ihre eigene Historie. Bevor der starke Raucher mit der Amputation seines Beins konfrontiert ist, hätte er Voranzeichen – »kleine Dinge« – wahrnehmen können. Er hätte diesen eine andere, gewichtigere Bedeutung zuschreiben können, er hätte sie beachten, ihnen Achtung zollen können, und dann wäre möglicherweise der Verlust von Größerem noch zu vermeiden gewesen.

Fragen:
- Auf welche kleinen Dinge sollten Sie bewusster achten?
- Was würden Sie Größeres verlieren, wenn Sie auf die »kleinen Dinge« nicht achtgeben?
- Inwieweit ist es für Sie wichtig, auf die »kleinen Dinge« zu achten?

Handlungsanregung:
- Achten Sie auf die »kleinen Dinge« in Ihrem Leben.
- Haben Sie immer acht auf »das Große« in Ihrem Leben.
- Achten Sie darauf, wie »große« und »kleine Dinge« in Ihrem Leben zusammenhängen.

Jeder hat so viel Recht, wie er Macht hat.

nach BARUCH DE SPINOZA (24.11.1632–21.02.1677)

Wer den Spruch »Wahrheit ist die Erfindung eines Lügners« von Heinz von Foerster (Foerster u. Pörksen, 1998) für übertrieben oder gar falsch hält – also an die Möglichkeit von subjektunabhängiger, objektiver Wahrheit glaubt, der wird dennoch dem Spruch von Spinoza zustimmen können. Rechthaben begegnet uns auf vielfältige Weise. Wenn wir uns im Recht fühlen, wenn wir das Gefühl haben, es richtig zu sehen, ist dies ein gutes Gefühl. Wir sind mit uns im Reinen. Allerdings können wir unsere subjektiv als wahr, rechtens und richtig empfundenen Positionen nicht notwendigerweise anderen beibringen. Wir können sie nicht von unserer Meinung überzeugen, wir implementieren unsere Wahrheiten nicht zielgerichtet im Hirn unserer Gesprächspartner. Unsere Macht ist generell beschränkt. Unsere Wahrheit, unser Rechthaben wird beschränkt von unserer Macht über andere. Letztlich werden Möglichkeiten, andere von unseren Wahrheiten zu überzeugen, von der Selbstmächtigkeit des anderen begrenzt.

Fragen:
- Inwieweit sehen Sie sich im Recht und gleichzeitig ohne Macht?
- Wenn sich die Macht im Zweifel gegenüber dem Recht durchsetzt – wie finden Sie das?
- Wann stehen bei Ihnen Macht und Recht in einer guten Balance?

Handlungsanregung:
- Achten Sie immer darauf, worüber Sie Macht haben.
- Vergegenwärtigen Sie sich das Verhältnis von Recht und Macht.
- Bedenken Sie immer, dass Recht haben für das Handeln allein nicht ausreichend ist.

Um Erfolg zu haben, musst du den Standpunkt des anderen einnehmen und die Dinge mit seinen Augen betrachten.
HENRY FORD (30.07.1863–07.04.1947)

Erreichen wir ein Ziel, sind wir maßgeblich daran beteiligt, eine Situation vom Ist- zum Wunschzustand zu ändern: Wir schreiben uns erfolgreiches Handeln zu. Wir identifizieren uns als diejenigen, die etwas verändert haben. Wir können auch bedenken: Erfolg wird selten allein errungen. Andere Menschen haben uns ermuntert, haben uns den Rücken gestärkt und uns wohlwollend begleitet. Ein von uns verfolgtes Ziel, ein von uns erreichter Zielzustand wirkt sich oft auf andere Menschen aus. Sie sind von diesen Veränderungen, von unserem erfolgreichen Handeln betroffen. Eventuell empfinden sie das erfolgreiche Handeln nicht nur als günstig, möglicherweise entstehen ihnen Nachteile daraus. Insofern ist es von Vorteil, die Auswirkungen des eigenen erfolgreichen Handelns auf andere Menschen hochzurechnen, hypothetisch vorwegzunehmen und bei der Beurteilung des eigenen Handelns zu berücksichtigen.

Fragen:
- Wann waren Sie das letzte Mal erfolgreich durch die Erkenntnis dieses Spruchs?
- Inwieweit erscheint es Ihnen plausibel, erfolgreich zu sein durch das Verstehen des Standpunkts eines anderen Menschen?

- Mit welchen Argumenten würden Sie den Spruch argumentativ belegen?

Handlungsanregung:
- Versuchen Sie, die Position des anderen zu verstehen.
- Begreifen Sie sich als ein Konglomerat verschiedener Persönlichkeiten.
- Beziehen Sie bei Ihrem Verhalten immer auch die Reaktionsweisen der anderen mit ein.

Wer nicht auf eigne Weise denkt, denkt überhaupt nicht.
OSCAR WILDE (16.10.1854–30.11.1900)

»Aufklärung ist der Ausgang des Menschen aus seiner selbstverschuldeten Unmündigkeit. Unmündigkeit ist das Unvermögen, sich seines Verstandes ohne Leitung eines anderen zu bedienen. Selbstverschuldet ist diese Unmündigkeit, wenn die Ursache derselben nicht am Mangel des Verstandes, sondern der Entschließung und des Mutes liegt, sich seiner ohne Leitung eines anderen zu bedienen. Sapere aude! Habe Mut, dich deines eigenen Verstandes zu bedienen! ist also der Wahlspruch der Aufklärung« (Kant, 1784, S. 481). Kant ruft die Menschen zum Gebrauch ihrer Vernunft auf. Die »Kritik der reinen Vernunft« (Kant, 1781/1990) und die »Kritik der praktischen Vernunft« (Kant, 1788/2003) sind keine relativierenden Schriften. Kant will uns kein mögliches Denkangebot machen, das wir ausschlagen oder dem wir zustimmen können. Kant will nachweisen, dass es nur einen rechten Gebrauch der Vernunft gibt. Kant formuliert einen universellen Anspruch des richtigen Gebrauchs der Vernunft.

Oscar Wilde hebt in seinem Spruch deutlich die Individualität des Denkens hervor. Denken kann auf unterschiedliche, auf verschiedene Weise richtig sein. Es scheint nicht um den für alle Menschen gleich richtigen Gebrauch der Vernunft zu gehen. Vielmehr wird das Denken erst zum wahren Denken, wenn wir eigensinnig denken – eventuell jenseits anerkannter Logiken und philosophischer Systeme.

Fragen:
- Worin besteht Ihre ganz eigene Art zu denken?
- Was sind für Sie die wesentlichen Ergebnisse des eigenen Denkens?
- Welche Menschen kennen Sie, die gemäß diesem Aphorismus nicht denken?

Handlungsanregung:
- Denken Sie auf Ihre Weise.
- Seien Sie sich Ihrer ganz eigenen spezifischen Weise zu denken bewusst.
- Trauen Sie sich, auf Ihre Weise zu denken.

Der Mensch ist das Maß aller Dinge.
PROTAGORAS (490 v. Chr.–411 v. Chr.)

Eindeutig einschätzen lässt sich der Weltenlauf nicht. Vom universalen Katastrophenende für die Menschheit und den Planeten Erde bis zum euphorischen Himmelreich auf Erden – für alle werden verschiedenste wissenschaftliche und esoterische Szenarien gehandelt. Zukunftsmodelle und Hochrechnungsszenarien für die Weltentwicklung operieren mit zirkulären Kausalitäten und konstatieren Komplexität. Komplexität lässt immer vermuten, dass es keine verlässlichen Hochrechnungen gibt. Komplexität ist immer das Produkt unübersichtlicher Wechselwirkungsverhältnisse einer hohen Anzahl von Variablen. Und in diesem Zusammenhang erscheint uns der Satz »Der Mensch ist das Maß aller Dinge« von Protagoras als problematisch. Ein wenig klingt er wie die theologische Annahme »Der Mensch ist die Krönung der Schöpfung«. Ein Verwandtschaftsverhältnis der Aussagen kann unterstellt werden. Dennoch erscheint mir Protagoras' Spruch als generalisierbarer Lösungsspruch plausibel. Er ermutigt mich als einzelnen Menschen, mich selbst radikal wichtig zu nehmen. Nur wenn ich dies tue, kann ich an Lösungen arbeiten.

Fragen:
- Inwieweit ist für Sie der Mensch das Maß aller Dinge?

- Wenn es nicht der Mensch ist – wer oder was ist dann für Sie das Maß der Dinge?
- Was würde sich in Ihrem Leben verändern, wenn es kein Maß gäbe?

Handlungsanregung:
- Stellen Sie sich als Gattungswesen ins Zentrum.
- Schauen Sie danach, dass Sie als einzelner Mensch das Maß aller Dinge sind.
- Übernehmen Sie Verantwortung dafür, dass Sie aus Ihrer Perspektive zu urteilen haben.

*Was jedermann für ausgemacht hält,
verdient am meisten untersucht zu werden.*
GEORG CHRISTOPH LICHTENBERG (01.07.1742–24.02.1799)

Wer Schwierigkeiten lösen will, hat oft die Idee, dass eine Ursachenanalyse hilfreich sein kann – frei nach der Maxime: Haben wir erst einmal die Ursache der Schwierigkeiten erkannt, wird es ein Leichtes sein, eine Lösung zu entwickeln. Den Zielzustand zu formulieren und sich der Arbeit an ihm tätig zu widmen ist dann vermeintlich nur noch ein Kinderspiel. Auch wenn wir dem Paradigma der lösungsorientierten Therapie folgen und demgemäß konstatieren, eine Lösungsidee könne gut ohne das Wissen um die Schwierigkeit funktionieren, dürfen wir uns erlauben, den Spruch von Lichtenberg zu Rate zu ziehen.

Fragen:
- Was scheint bei Ihrem Problem als Erklärung für alle Menschen unhinterfragt klar zu sein?
- Wie könnten Sie diese klare Position in Zweifel ziehen?
- An welcher Position sollten Sie in jedem Fall bei Ihrer Fragestellung zweifeln?

Handlungsanregung:
- Zweifeln Sie insbesondere an den Dingen, die unhinterfragt als richtig angenommen werden.

- Stellen Sie sich der Situation gewissenhaft, und untersuchen Sie sie genau.
- Denken Sie radikal, und haben Sie den Mut, zu zweifeln.

Wer zu viel zweifelt, der verzweifelt.

Christoph Lehmann (1568–1638)

Ehefrauen, die im Zustand begründeter Eifersucht an der Wahrhaftigkeit der Liebesbekundung ihrer Männer zweifeln, Autokäufer, die strukturiert die Angaben des Verkäufers in Frage stellen, manövrieren sich über kurz oder lang in den Zustand der Verzweiflung. Mit guten Gründen belegtes Zweifeln zieht den Zustand der Verzweiflung nach sich. Verzweiflung bedeutet Auswegslosigkeit; wer verzweifelt ist, fühlt sich handlungsunfähig und ohnmächtig, er ist sich seiner Macht nicht mehr bewusst. Kultivieren wir eine ausschließlich zweifelnde Haltung, arbeiten wir selbstmächtig am Zustand der Verzweiflung. Jedem steht das Recht auf Verzweiflung zu – zumal dieser Zustand oft argumentativ zu belegen ist. Wer diesen vermeiden will, dem kann nur der Sprung ins Vertrauen angeraten werden. Der Mut, zu vertrauen in die Wahrhaftigkeit meines Gegenübers, macht es möglich, den Raum der Verzweiflung zu verlassen. Nebenwirkungen sind leider selbst zu verantworten.

Fragen:
- In welchen Situationen verzweifeln Sie?
- Worin gründet bei Ihnen der Zustand der Verzweiflung?
- Inwieweit ist Verzweiflung ein Sie inspirierender Zustand?

Handlungsanregung:
- Handeln Sie entschieden, auch wenn Sie zweifeln.
- Lassen Sie sich vom Zweifel nicht beeinträchtigen.
- Nutzen Sie Ihren Zweifel zur Selbsterkenntnis.

Die meiste Unwissenheit könnte besiegt werden. Wir eignen uns nur deshalb keine Kenntnisse an, weil wir sie nicht wünschen.
GEORG CHRISTOPH LICHTENBERG (01.07.1742–24.2.1799)

Wissen tritt uns als vermeintlich Objektives (Wissenschaft) oder als Subjektives (persönliche Überzeugung) gegenüber. Mutmaßlich objektives Wissen lässt sich je nach erkenntnistheoretischem Standpunkt plausibel auch als subjektives Wissen entlarven. Vielleicht ist es müßig, diese Fragen abschließend zu klären – jedenfalls ist es hier nicht intendiert und für Problemlösungen nicht notwendig. Wissen kann auch als begründeter Standpunkt, als eine mit Gründen, Argumenten gerechtfertigte Position begriffen werden. In diesem Sinne ließe sich die meiste Unwissenheit besiegen. Erarbeiten können wir uns immer wieder einen mehr oder weniger begründeten Standpunkt. Recherchierend können wir uns Informationen aneignen, andere Meinungen einholen, kontroverse Debatten führen und so multiperspektivisch an unserem Wissen arbeiten. Dabei müssen wir nicht unbedingt wissenschaftlich vorgehen; wir dürfen uns erlauben, möglichst viele Gesichtspunkte zu berücksichtigen. Warum tun wir selbst das nicht? Lichtenberg meint, weil wir es nicht wünschen. Vielleicht auch, weil wir sie fürchten, uns vor ihnen ängstigen.

Fragen:
- Welche Unwissenheit möchten Sie überwinden?
- Welche Unwissenheit haben Sie überwunden?
- Welches Wissen vermeiden Sie?

Handlungsanregung:
- Erkennen Sie Ihre Unwissenheit.
- Wissen Sie um die positiven und die negativen Effekte des möglichen Wissens.
- Entscheiden Sie sich, welches Wissen Sie sich aneignen möchten.

Und leben ist ja doch des Lebens höchstes Ziel!
FRANZ GRILLPARZER (15.01.1791–21.01.1872)

Als Alexander der Große zum obersten Feldherrn auserkoren wurde, gratulierten ihm viele Menschen. Diogenes fehlte unter ihnen. Alexander machte sich selbst auf den Weg zu ihm und fragte ihn, was er für ihn tun könne. Diogenes antwortete: Geh mir aus der Sonne. Der Feldherr soll daraufhin zu seinen Soldaten gesagt haben: Wäre ich nicht Alexander, wollte ich Diogenes sein. Die von Plutarch erzählte Geschichte kann als Achtsamkeitsgeschichte verstanden werden. Diogenes genießt den Augenblick, er nimmt die Sonnenstrahlen wahr und weiß, dass sein Bedürfnis nach Wärme momentan befriedigt wird. Er ist ganz bei sich und in der Gegenwart.

Problemlösungssituationen sind Situationen des Lebens, Leben und Problemlösen sind identisch. Leben ist Problemlösen und Problemlösen ist Leben. Arbeiten wir an Lösungen, engagieren wir uns für ein Ziel. Wir sind dann auf die Zukunft ausgerichtet und leben nicht so sehr in der Gegenwart.

Menschliches Leben stellt einen Wert an sich dar. Es ist Zweck, niemals nur Mittel. Kant formuliert in der zweiten Form des kategorischen Imperativs: »Nun sage ich: der Mensch, und überhaupt jedes vernünftige Wesen, existiert als Zweck an sich selbst, nicht bloß als Mittel zum beliebigen Gebrauche für diesen oder jenen Willen, sondern muß in allen seinen, sowohl auf sich selbst, als auch auf andere vernünftige Wesen gerichteten Handlungen jederzeit zugleich als Zweck betrachtet werden« (Kant, 1785/1977, S. 59 f.).

Der Aphorismus lädt uns zu zweierlei ein. Zum einen dürfen wir Problemlösen als Leben definieren, zum anderen ruft uns der Spruch in Erinnerung, immer auch auf das Leben, auf den Moment des Lebens zu fokussieren – auf das Leben ohne Problem im Hier und Jetzt. Leben ist Zweck an sich. Leben ist ein basaler Wert, Leben ist die Grundlage. Ohne Leben, ohne unser biologisches, psychisches und physisches Lebendigsein sind alle anderen Werte wie Freiheit, Gerechtigkeit, Genuss, Erfolg, Glück nichts für uns. Sie sind gekoppelt an den Wert des Lebens. Erst das Leben macht die anderen Werte lebendig, erfahrbar und greifbar.

Fragen:
- Angenommen, es gäbe Ziele, für die Sie bereit wären zu sterben – welche wären das?
- Welche Ziele könnte das Leben generell haben?
- Welche Ziele verfolgen Sie in Ihrem Leben?

Handlungsanregung:
- Achten Sie immer darauf, dass Sie alles dafür tun, dass Sie Ihr Leben als Selbstwert, als Wert an sich definieren.
- Definieren Sie die Sekundärwerte in Ihrem Leben.
- Definieren Sie das Verhältnis von Sekundärwerten und Ihrem Leben.

Es liegt in der Natur des Menschen, vernünftig zu denken und unvernünftig zu handeln.
ANATOLE FRANCE (16.04.1844–12.10.1924)

Eine bedeutende Anzahl abendländischer Philosophiegeschichte startet mit der Proklamation des Menschen als vernunftbegabtem Wesen. Der Mensch kann denken, vernünftig denken. Dies gehört zu seinem Wesen, es ist ein Spezifikum seiner Natur, Vernunft ist sein Merkmal. Ohne Vernunft wäre der Mensch nicht Mensch. Vernunft ist ein wesentlicher Teil des Menschen.

Mit dem einen Teil unserer menschlichen Natur planen wir, beurteilen wir Situationen, entwickeln Strategien, wägen ab, vergegenwärtigen uns die guten Gründe für unser Handeln. Der andere Teil unserer Natur wird von France mit keiner Vokabel identifiziert, gleichwohl als unlogisch beschrieben und gleichzeitig als bedeutsamer für das Handeln angesehen. Die Hirnforschung pflichtet bei: »Das Großhirn denkt, und das limbische System lenkt«. Unser Handeln wird eben nicht nur von der Vernunft bestimmt, sondern immer auch von unseren Emotionen und bis dato gemachten Erfahrungen. All diese sind in der Amygdala gespeichert. Sobald wir mit einem Problem konfrontiert sind, wird diese aktiviert.

Für das Lösen von Problemen sollten wir unsere ganze Natur nutzen und nicht einzelne Teile gegeneinander ausspielen. Klarheit des Denkens, die »Logik des Bauches« und ihr zirkuläres Ineinander können beim Lösen von Problemen hilfreich sein.

Fragen:
- Was halten Sie vom Topos der »menschlichen Natur«?
- Gibt es für Sie eine alle Menschen verbindende »menschliche Natur«?
- Wie würden Sie das Verhältnis von Denken und Handeln beurteilen?

Handlungsanregung:
- Bringen Sie Vernunft und Unvernunft in Balance.
- Definieren Sie Ihr eigenes Verhältnis von vernünftigem Denken und unlogischem Handeln.

Bei den meisten Menschen gründet sich der Unglaube in einer Sache auf blinden Glauben in einer andern.
GEORG CHRISTOPH LICHTENBERG (01.07.1742–24.02.1799)

Beobachtung – gemäß alltagsgebräuchlichen Vorstellungen – ereignet sich über die Sinne (Hören, Sehen, Riechen, Schmecken, Fühlen). Im Rahmen dieses Verständnisses vollzieht sich Beobachtung durch unseren Körper – über unsere Ohren, Augen, Nase, Zunge, Haut. Durch unsere Sinne fühlen wir uns der Umwelt ausgeliefert – unsere Sinne können wir nicht abstellen. Beobachtung wird auf diese Weise auch als passive Informationsaufnahme begriffen – Erkennen und der Erwerb von Wissen ist an sinnliche Wahrnehmung geknüpft.

Eine formale Theorie der Beobachtung hat der Mathematiker Spencer-Brown (1969/1997) entwickelt, anders formuliert: Er hat eine Erkenntnistheorie entworfen. In dieser wird Beobachtung als ein Vorgang des Unterscheidens und Bezeichnens begriffen. Beobachtung ist damit aktives Tun eines Beobachters. Beobachtung bedeutet, eine zweifache Unterscheidung vorzunehmen.

Grundlage einer jeden Bezeichnung ist eine Unterscheidung zwischen innen und außen. Diese Unterscheidung, diese Grenzziehung zwischen innen und außen muss vorgenommen werden, sonst ereignet sich keine Erkenntnis. Die Grenzziehung, Unterscheidung vollzieht sich in zwei Schritten: Nach der ersten Unterscheidung finde ich ein abgegrenztes Phänomen X – einen markierten Raum, einen markierten Inhalt, einen markierten Zustand vor. Dann folgt die zweite Unterscheidung, nach dieser finde ich ein Zeichen Y für das Phänomen X. Diese zweite Unterscheidung nennt man Bezeichnen. Die Unterscheidungen, die getroffen werden, sind zufällig, kontingent.

Menschen wählen aus einer Vielzahl möglicher Grenzziehungen aus. Unterscheidungen, die getroffen werden, basieren auf Werten. Wesentlich ist: Durch eine Unterscheidung wird ein Phänomen von seinem Kontext, seiner Umwelt, seinem Hintergrund unterschieden. Jedes Zeichen und jede Bezeichnung fokussiert auf die eine Seite der Unterscheidung – dabei wird die andere ausgeblendet.

Je nachdem, auf welches Phänomen fokussiert wird, durch die Aktivität des Unterscheidens hervorgehoben wird, überhaupt erst sichtbar wird, bildet sich drum herum eine andere Welt. Diese wurde geschaffen durch die spezifische Form der Unterscheidung, die ein Beobachter getroffen hat. Aus all dem geht hervor: Realität wird aktiv durch den Beobachter, durch den Grenzzieher, durch den Unterscheider und Bezeichner konstruiert.

Und immer wenn wir Realität entwerfen, produzieren wir einen blinden Fleck. Wir fokussieren auf die eine Seite, die andere Seite blenden wir aus: unseren blinden Fleck. Spüren wir eine tiefe Überzeugung von einer Sache, können wir darum wissen, dass wir blinde Flecken produzieren, dass wir etwas ausblenden. Für das Lösen von Problemen ist es hilfreich, nach diesen blinden Flecken zu fragen, sie in Augenschein zu nehmen.

Fragen:
- Woran glauben Sie?
- Woran glauben Sie gar nicht?
- Wie hängen bei Ihnen Glaube und Unglaube zusammen?
- Welcher Glaube und welcher Unglaube sind bei Ihnen gekoppelt?

Handlungsanregung:
- Kultivieren Sie das Denken in Grau. Kultivieren Sie das Denken in Schattierungen.

- Kultivieren Sie das Sowohl-als-auch-Denken.
- Werden Sie sich des Verhältnisses von Glauben und Unglauben bewusst.

Der Nachteil der Intelligenz besteht darin,
dass man pausenlos dazulernen muss.
George Bernard Shaw (26.07.1856–02.11.1950)

Intelligenz ist eine Fähigkeit, sie kann als Anlage begriffen werden. Und sie hat die Tendenz, sich zu entwickeln, zu wachsen, sich auszuformen. Intelligenz ist einem internen Wachstumsprogramm verpflichtet. Sie will mehr. Kognitive Intelligenz will technische Probleme unter anderem noch genauer verstehen, sie will analysieren und ihre Kenntnisse eventuell für andere Felder nutzen. Emotionale Intelligenz lässt sich nichts vormachen – sie nimmt Facetten des Seelenzustands des Gesprächspartners wahr, die ihr selbst noch nicht bewusst sind. Sie kann sich nicht dagegen wehren, sie nimmt wahr, sie ist aktiv, sie lässt sich nicht abstellen. Soziale Intelligenz integriert das Können der kognitiven und der emotionalen Intelligenz. Sie erahnt die Wirkmechanismen sozialer Systeme, sie weiß um die Art und Weise einzelner Menschen zu denken, zu fühlen und zu handeln und kann dieses Wissen für ihren Umgang mit Menschen nutzen. Alle Intelligenzformen sind mit einem mehr oder weniger großen Potenzial ausgestattet. Alle lassen sich bei förderlicher Umgebung anregen und entwickeln. Sind sie erst einmal entwickelt, sind sie nicht mehr still zu bekommen. Dann wollen sie immer weiter. Und das kann auch lästig sein.

Fragen:
- In welchen Situationen haben Sie das Gefühl, pausenlos dazulernen zu müssen?
- In welchen Situationen leiden Sie unter Ihrer Intelligenz und der Folge, immer dazulernen zu müssen?
- In welchen Situationen profitieren Sie von Ihrer Intelligenz?

Handlungsanregung:
- Lernen Sie!
- Lernen Sie pausenlos!
- Legen Sie fest, zu welchen Themen und Fragestellungen Sie sich Wissen aneignen möchten.
- Seien Sie sich Ihrer Intelligenz bewusst.

Genau genommen, leben nur wenige Menschen in der Gegenwart.
Die meisten bereiten sich vor, demnächst zu leben.
JONATHAN SWIFT (30.11.1667–19.10.1745)

In der Gegenwart leben firmiert heute unter anderem unter der Leitidee des achtsamen Lebens. Achtsamkeit wird als eine Qualität des menschlichen Bewusstseins, eine besondere Form von fokussierter Aufmerksamkeit begriffen. Es handelt sich dabei um einen Bewusstseinszustand, der es ermöglicht, jede innere und äußere Erfahrung im gegenwärtigen Moment vorurteilsfrei zu registrieren und zuzulassen. Zunehmende Achtsamkeit reduziert gewohnheitsmäßige, automatische und unbewusste Reaktionen auf das gegenwärtige Erleben. Dies soll ein situationsadäquates, authentisches und selbstbewusstes Handeln unterstützen. Als positive Effekte des achtsamen Lebens lassen sich protokollarisch nennen: ein reflektiertes Verständnis der eigenen Biografie, Wahrnehmung eigener Ressourcen, gesundheitsbewusste Bewältigung von Stresssituationen. Mit sich selbst im Reinen sein, geduldig mit sich sein, selbstbestimmt entscheiden, eigene Interessen selbstbewusst vertreten, im Alltag Lebensfreude entwickeln – auch dies gehört zu den positiven Folgen eines achtsamen Lebens.

Problemlösen bedeutet häufig, etwas in der Gegenwart Lästiges loswerden zu wollen. Die Schwierigkeit vermiest dem Menschen ab und zu die Gegenwart, dem Problem soll gekündigt werden. Und wenn es weg ist, dann wird die zukünftige Gegenwart gut sein. Gegenwärtig leben bedeutet immer auch, die Gegenwart mit ihren Misslichkeiten zu spüren, sie zu erkennen und sie wahrzunehmen. Dann erst können wir uns der Lösung widmen, an Auswegen arbeiten. Eine akzeptierende Haltung gegenüber der Gegenwart kann sowohl Lästiges als auch Schönes hin- und annehmen.

Fragen:
- Mit welchen guten Gründen verschieben Sie das Leben in der Gegenwart auf die Zukunft?
- Wann leben Sie bewusst in der Gegenwart?
- Wie lenken Sie sich vom gegenwärtigen Leben ab?

Handlungsanregung:
- Leben Sie in der Gegenwart.
- Seien Sie sich Ihrer Strategien bewusst, das gegenwärtige Leben auf später zu verschieben.

Ein Mensch ist umso reicher, je mehr Dinge er unbeschadet am Wege liegen lassen kann.
HENRY DAVID THOREAU (12.07.1817–06.05.1862)

Wir leben im Zeitalter des Konsums. Einen beträchtlichen Teil unserer Identität bilden wir über den Besitz von Gegenständen aus. Das Verfügen über Güter kann mit Reichtum identifiziert werden: mein Haus, mein Auto, meine Jacht. Seit einigen Jahren entwickelt sich neben der Kultur des Überflusses eine Kultur der Bescheidenheit, der Schlichtheit, des »Weniger ist mehr«. Versprochen wird, dass innerer Reichtum, innere Fülle mit dem Liegen- und Weglassen wachsen. Die Dinge, die man freiwillig nicht besitzt, von denen wird man nicht besessen. Der Reichtum des Menschen wächst, wenn er Dinge nicht mehr hat, wenn er sie sein lässt. Wenn er sie zwar wahrnimmt, sie sieht, eventuell seine Begehrlichkeit danach spürt und feststellt, sie dann aber nicht an sich rafft, sie sich nicht einverleibt. Dabei nicht das Versagen als Qual spürt, sondern spürt, dass ihm die Dinge nicht zur Last fallen, ihm nicht lästig werden. Diese Haltung der wahrnehmenden Gelassenheit, die mutig ist, zu erkennen, und dennoch die Dinge sein zu lassen vermag, kann eine hilfreiche Grundhaltung für die Arbeit an Lösungen sein.

Fragen:
- Welche Dinge würden Sie gern liegen lassen?
- Welche Auswirkungen hätte das auf Ihr Leben?
- Wodurch wird Ihr Leben reich?

Handlungsanregung:
- Lassen Sie die Dinge liegen, und schauen Sie, wie es Ihnen damit geht.
- Befreien Sie sich von den Dingen, die Sie belasten.
- Werden Sie sich bewusst, was Sie wirklich brauchen.

Ein Genie ist ein Mensch, dem etwas Selbstverständliches zum ersten Mal einfällt.
HERMANN BAHR (19.07.1863–15.01.1934)

In Gedanken mit einem Problem beschäftigt, umkreisen wir es und sehen es immer schärfer. Vielleicht wird es hierdurch sogar drängender. Häufig wiederholen sich die immer gleichen Gedankengänge. Wir sind rastlos unterwegs beim Analysieren der Schwierigkeiten. Wir zoomen uns in eine Problemtrance und finden keinen Ausweg.

Der Dübel war ein Geniestreich für ein lästiges Problem. Die Geburtsstunde der lösungsorientierten Therapie basiert auf einem zumindest kleinen Geniestreich – der Entkopplung von Problem und Lösung. Dass eine mögliche Lösung eines Problems nicht notwendigerweise irgendetwas mit dem Problem zu tun haben muss, ist ein gedanklicher Geniestreich. Es ist ein wirklich logischer Gedanke, dass eine Lösung etwas kategorial anderes ist als ein Problem. Sich aber vorzustellen, an Lösungen zu arbeiten – ohne Wissen um das Problem –, fällt vielen Menschen heute noch schwer.

Fragen:
- Wie definieren Sie Genie?
- Wann ist Ihnen mal etwas Selbstverständliches eingefallen? Waren Sie der Erste, und sind Sie deswegen ein Genie?
- Welche Selbstverständlichkeit hätte auch Ihnen einfallen können?

Handlungsanregung:
- Vertrauen Sie Ihren Ideen.
- Verhalten Sie sich so, als ob Ihre Idee genial ist – wenigstens für Sie.
- Denken Sie Selbstverständliches, und definieren Sie es als genial.

*Der Furchtsame erschrickt vor der Gefahr,
der Feige in ihr, der Mutige nach ihr.*

JEAN PAUL (21.03.1763–14.11.1825)

Das Lösen von Problemen kann mit Ängsten verbunden sein. Leiden wir unter einer Schwierigkeit, einer Fragestellung, stellen wir uns den Zustand der Lösung schmerzfrei vor. Der Lösungszustand ist für uns der Problemabstinenzzustand. Und in diesem geht es uns besser als im gegenwärtigen Problemzustand. Dies ist eine Seite des Erlebens von Schwierigkeiten. Hin und wieder haben wir uns aber auch in Schwierigkeiten eingerichtet – dies ist die andere Seite. Möglicherweise sind wir mit unseren Problemlagen locker liiert oder gar gut verheiratet. Und so sind sie nicht nur negativ, sondern vermitteln uns bei aller Lästigkeit eventuell auch einen heimatlichen Beigeschmack, sie wirken identitätsstiftend. Was wir ohne sie wären, ist nicht leicht zu beantworten. Wir kennen sie, und sie sind uns vertraut. Unter Umständen haben wir einen Gewinn davon.

Fragen:
- Wie würden Sie sich am ehesten beschreiben: furchtsam, feige oder mutig?
- Wann haben Sie Situationen erlebt, in denen es für Sie im Nachhinein gut war, furchtsam, feige oder mutig gewesen zu sein?
- Jede dieser Eigenschaften hat in bestimmten Situationen Vorteile. Welche Vorteile sehen Sie?

Handlungsanregung:
- Machen Sie eine Analyse der Situation, die für Sie gefährlich sein könnte.
- Vergegenwärtigen Sie sich Ihr persönliches Ineinander von Furcht, Feigheit und Mut.
- Erlauben Sie sich, kontextabhängig feige, furchtsam oder mutig zu sein.

Oft ist der Mensch selbst sein größter Feind.
MARCUS TULLIUS CICERO (106 v. Chr.–43 v. Chr.)

Dieser Ausspruch Ciceros lässt sich auf einzelne Menschen, auf Menschengruppen jeglicher Größe, auf Teams, Organisationen und Völker beziehen. Der Spruch ist nicht absolut; Cicero schreibt nicht: der Mensch ist des Menschen größter Feind. Festgestellt wird, dass dies oft der Fall sei. Und dies in einem doppelten Sinn. Bei eigenen Vorhaben kann sich der einzelne Mensch selbst im Weg stehen. Ein Teil in ihm kann das Vorhaben tatkräftig angehen, schaffen oder bewältigen. Ein anderer Teil ist skeptisch, zaudernd, mahnt zur Vorsicht und verhindert dabei unter Umständen einen Entwicklungsschritt. Der einzelne Mensch als biografisch gewachsene Figur, als in seiner persönlichen, familiären Entwicklungsgeschichte gewordene Person ist immer eine mit Kompetenzen, Ressourcen und mit Defiziten, Schwächen. Und für bestimmte Situationen, Ziele und Vorhaben haben wir Fähigkeiten, diese gut zu bewältigen, und für andere Konstellationen haben wir diese nicht – da stehen wir uns selbst im Wege. Und selbstverständlich behindern uns auch immer wieder andere Menschen bei unseren Vorhaben. Wer uns beim Problemlösen im Wege steht und wie wir uns selbst Stolpersteine legen, scheint bedenkenswert.

Fragen:
- Auf welche Weise könnten Sie sich bei der Problemlösung selbst im Weg stehen, zum Feind werden?
- Wie werden Sie sich bei der Aufrechterhaltung des Problems selbst zum Feind?
- Wie schädigen Sie sich selbst bei der Aufrechterhaltung des Problems?

Handlungsanregung:
- Werden Sie sich nicht selbst zum Feind.
- Identifizieren Sie die Feinde in Ihnen.
- Stellen Sie sich dem Feind in Ihnen, und weichen Sie ihm nicht aus.

> *Das eine ist der Gottheit selbst verwehrt:*
> *das, was getan ist, ungeschehen zu machen.*
>
> ARISTOTELES (384 v. Chr.–322 v. Chr.) oder
> AGATHON VON ATHEN (448 v. Chr.–400 v. Chr.)

Alles, was wir tun, hat seinen Preis. Wir sind nicht fähig, etwas, was wir getan haben, ungeschehen zu machen. Unser Handeln hat Spuren in der Welt und bei uns hinterlassen. Wir haben uns für etwas entschieden – für eine Art und Weise zu denken, für eine Handlung, und diese hat Wirkung gezeigt, sie hat einen Effekt gehabt. Beim Problemlösen ist es vorteilhaft, sich nicht in Selbstvorwürfe zu verstricken. Diese machen das Getane nicht rückgängig und ungeschehen. Was passiert ist, ist passiert. Es gilt, die neue Situation zu akzeptieren und anzunehmen. Diese Akzeptanz des Istzustandes ist eine gute Basis für das Nachdenken über Lösungen und alternative Handlungsweisen.

Fragen:
- In welchem Licht würde sich die Situation zeigen – wenn Sie akzeptieren, dass Ihre bisherigen Handlungen nicht ungeschehen zu machen sind?
- Was haben Sie bezüglich des Problems bisher getan, was nicht mehr ungeschehen zu machen ist?
- Was würden Sie gern ungeschehen machen?

Handlungsanregung:
- Akzeptieren Sie die Situation, so wie sie ist.
- Sehen Sie in der Situation auch die Vorteile, Positives.
- Unterstellen Sie sich gute Gründe für Ihre Beiträge zur aktuellen Situation.

> *Sieh nach den Sternen! Gib acht auf die Gassen!*
>
> WILHELM RAABE (08.09.1831–15.11.1910)

Wer ein Vorhaben in Angriff nimmt, ist günstig ausgerüstet mit einem klar formulierten Fernziel, das für ihn Sinn macht und erreichbar erscheint. Ein klarer Blick für die Stolpersteine auf dem

Weg zum Ziel ist hilfreich. Der visionäre Fixpunkt am Horizont und der analytische Blick auf mögliche Widrigkeiten befruchten sich gegenseitig. Keiner der beiden Orientierungspunkte allein ist ausreichend. Die Sehnsucht nach einem großen Ziel kann uns Kraft geben. Für die kontinuierliche Arbeit, es zu erreichen, ist es wichtig, den Alltag nicht aus den Augen zu verlieren.

Fragen:
- Wie können Sie die Sterne als Kraftquelle nutzen?
- Wie können Sie die Stolpersteine auf den Gassen meiden oder gar für sich nutzen?
- Inwiefern können die Sterne ein Handicap sein und die Gassen eine Ressource?

Handlungsanregung:
- Orientieren Sie sich in Ihrem Handeln an Visionen – aber berücksichtigen Sie auch den Nahbereich Ihres Handelns.
- Vergegenwärtigen Sie sich Ihre Fernziele.
- Praktizieren Sie eine für Sie stimmige alltägliche Achtsamkeit.

Der Mensch ist frei wie ein Vogel im Käfig.
Er kann sich innerhalb gewisser Grenzen bewegen.
JOHANN KASPAR LAVATER (15.11.1741–02.01.1801)

Über das Freiheitsbewusstsein von Vögeln in Käfigen können wir nur spekulieren. Ein Vogel kann potenziell größere Strecken fliegen, als es ihm durch die Grenzen des Käfigs vergönnt ist. Der Käfig beschränkt seine Möglichkeiten. Wer menschliche Freiheit als Wahlfreiheit begreift, sieht die jeweils unterschiedlichen Gitterstäbe. Sie beschränken den Menschen in seinem Tun. Käfiggrößen sind unterschiedlich. Sind auch die Handlungsfreiheiten begrenzt, so zeigen sich doch Freiheiten im Denken. Doch auch das Denken kennt seine Grenzen. Überzeugungen, Dogmen und Glaubenssätze beschränken unser Denken. Positiv formuliert bilden sie einen Rahmen, negativ einen einengenden Käfig; in jedem Fall begrenzen sie uns.

Fragen:
- Welche Vor- und Nachteile bietet Ihnen Ihr Käfig?
- Wie frei fühlen Sie sich?
- Welche Grenzen sind für Sie vorhanden? Welche akzeptieren Sie? Welche nicht?

Handlungsanregung:
- Berücksichtigen Sie bei Ihrem Tun den Kontext, in dem Sie leben.
- Fühlen Sie sich frei, und berücksichtigen Sie den Kontext.
- Definieren Sie die Grenzen Ihrer Handlungsmöglichkeiten.

Aufrichtigkeit ist wahrscheinlich die verwegenste Form der Tapferkeit.
WILLIAM SOMERSET MAUGHAM (25.01.1874–16.12.1965)

Wer ehrlich und aufrichtig über sich erzählt, wer seine Beweggründe für sein Denken, Fühlen und Handeln preisgibt, zeigt sich gegenüber anderen Menschen mit Stärken und Schwächen. Sich aufrichtig zeigen ist eine Form von Offenheit, die uns verwundbar macht. Wer anderen die Möglichkeit gibt, ihn zu kritisieren, zu kränken oder zu verwunden, zeigt Mut und übt sich in der Tugend der Tapferkeit.

Fragen:
- Was bedeutet für Sie Aufrichtigkeit?
- Welchen Stellenwert schreiben Sie der Aufrichtigkeit zu?
- Wann würden Sie sich Tapferkeit als eine verwegene Form der Aufrichtigkeit attestieren?

Handlungsanregung:
- Positionieren Sie sich. Legen Sie für sich fest, was für Sie richtig und wichtig ist.
- Prüfen Sie Ihre Kräfte: wie weit reichen sie, um gemäß Ihrer Position zu leben.
- Üben Sie sich in der Aufrichtigkeit als einer Form der Tapferkeit.

Nur wer den Menschen liebt, wird ihn verstehen.
Wer ihn verachtet, ihn nicht einmal sehen.
CHRISTIAN MORGENSTERN (06.05.1871–31.03.1914)

Wer sich anderen Menschen in Liebe zuwendet, wird sie anders verstehen, als wenn er sich ihnen hasserfüllt zuwendet. Ein von der Grundannahme her leicht verstehbares Statement.

Den anderen Menschen und sich selbst als Mensch zu verstehen, das heißt, ihm und mir gute Gründe, nachvollziehbare Motive des Denkens, Fühlens und Handelns zu unterstellen. Dies geschieht im Modus der Offenheit, Neugier und Zugewandtheit. Erst dieser Modus macht es uns möglich, in unser Gegenüber und seine Welt einzutauchen, an ihr teilzuhaben und sie als nachvollziehbar und damit für uns verstehbar zu erleben. So kann der Modus der Liebe als ein extravaganter Zustand begriffen werden. Er transzendiert den Modus der Offenheit. Denn Liebe ist immer auch von einer unerklärlichen, rational nicht einholbaren Form der Verbundenheit bestimmt.

Fragen:
- Inwiefern denken Sie sich Liebe und Menschenverständnis als eine Einheit?
- Was bedeutet es für Sie, einen Menschen zu verachten?
- Was bedeutet für Sie Liebe? Was bedeutet für Sie Verstehen?

Handlungsanregung:
- Lieben und verstehen Sie Ihr Gegenüber.
- Verstehen und lieben Sie Ihr Gegenüber.
- Verachten Sie Ihr Gegenüber nicht.

Die Irrtümer des Menschen machen ihn eigentlich liebenswürdig.
JOHANN WOLFGANG VON GOETHE (28.08.1749–22.03.1832)

Menschen, die immer recht haben, sind uns nicht geheuer und gelegentlich auch unsympathisch. Oft nehmen wir sie als unnahbar wahr. Sie sind uns fern, richtig erreichen können wir sie nicht. Sie leben in einer Welt fester Überzeugungen, dozieren diese gern. Gesprächspartner können eine Beziehung lediglich durch ostentatives Nicken gestalten. Von uns als fehlerlos wahrgenommenen Menschen begegnen wir mit Hochachtung, wir stellen sie über uns. Möglicherweise sprechen wir sie in einem gemeinsamen Konstruktionsprozess heilig.

Menschen, die Fehler machen, Menschen, die Irrtümer begehen, sind uns oft näher – wissen wir doch meistens um unsere eigenen Unzulänglichkeiten. Menschen mit Makeln laden uns ein, sie schneller als liebenswürdig zu empfinden. Dies zieht nicht immer Gleichrangigkeit nach sich, die nur empfundene, nicht aber kommunizierte Liebenswürdigkeit schafft ebenso ein Ungleichgewicht.

Können wir uns beim Problemlösen als liebenswert annehmen, schaffen wir eine Basis, um an einer Lösung zu arbeiten.

Fragen:
- Was verstehen Sie unter Irrtümern?
- Wie bewerten Sie den Spruch von Goethe?
- Inwieweit hängen für Sie Irrtümer des Menschen und Liebenswürdigkeit zusammen?

Handlungsanregung:
- Fokussieren Sie auf die Irrtümer Ihres Mitmenschen, und stellen Sie die Frage, inwiefern Sie ihn dadurch als liebenswürdiger würdigen können.
- Sehen Sie in Irrtümern immer auch Kompetenzen und Ressourcen.
- Entwickeln Sie Ihre Liebe gegenüber den Menschen, deren Fehler Sie sehen.

Der unzufriedene Mensch findet keinen bequemen Stuhl.
BENJAMIN FRANKLIN (17.01.1706–17.04.1790)

Sind wir mit uns nicht im Reinen, haben wir mit uns keinen Frieden geschlossen, sind wir für die Wahl unseres nächsten Stuhls ungünstig ausgerüstet. Wir finden dann keinen für uns angenehmen Platz, der uns guttut. Gleichgültig, woher die Unzufriedenheit rührt, beim Beschreiten neuer Wege lähmt sie uns. Gleichzeitig kann sie für uns auch Antriebsfeder sein. Die Entscheidung, welchem Typus wir entsprechen, bleibt uns überlassen, egal ob wir dies als angenehm oder unangenehm empfinden. Wir müssen wohl die Wahl treffen. Und: Vielleicht gibt es auch Menschen, die die eigene Unzufriedenheit weder als Antriebsfeder noch als Hemmschuh empfinden, sondern ein Verhältnis zur Unzufriedenheit in gelassener Gleichgültigkeit pflegen und dadurch dennoch an einer Lösung arbeiten können.

Fragen:
- Was zeichnet für Sie unzufriedene Menschen aus?
- Woran stellen andere Menschen Ihre Unzufriedenheit fest?
- Ist Unzufriedenheit für Sie eher ein Antrieb oder eher hemmend bei der Entwicklung von Lösungen?

Handlungsanregung:
- Versetzen Sie sich in den Zustand der Zufriedenheit, und beurteilen Sie dann Situationen.
- Würdigen Sie Ihre Möglichkeiten, zufrieden zu sein.
- Arbeiten Sie an Ihrer Zufriedenheit.

Frisch gewagt ist halb gewonnen.
nach HORAZ (08.12.65 v. Chr.–17.11.08 v. Chr.)

Einen Anfang brauchen wir immer wieder. Vor uns liegen immer wieder Aufgaben und Herausforderungen – große und kleinere. Sie wollen in Angriff genommen werden; sie fordern uns auf zum Wagnis, sie wollen von uns gewagt werden. Es muss ein Anfang gemacht werden. Das Beginnen beflügelt, mit dem Beginnen positionieren wir uns, wir starten – auch wenn wir vielleicht nicht durchstarten. Der Unterschied zum Abwarten ist gemacht. Wenn wir den Anfang gemacht haben, zeigt sich uns der Weg in klareren Konturen.

Fragen:
- An welchen Handlungen, Denkweisen und Gefühlen machen Sie bei sich den Zustand der Frische fest?

- Wie können Sie sich in diesen Zustand versetzen? Worin besteht Ihr Beitrag zum Zustand der Frische?
- Wann haben Sie schon einmal die Erfahrung gemacht, dass Sie etwas frisch gewagt und damit schon halb gewonnen haben?

Handlungsanregung:
- Arbeiten Sie an Ihrem persönlichen Zustand der Frische.
- Haben Sie Mut.
- Machen Sie sich fit für den Anfang einer Arbeit.

Wir sind nicht nur verantwortlich für das, was wir tun, sondern auch für das, was wir nicht tun.
MOLIÈRE (14.01.1622–17.02.1673)

Steht die Wahl des Urlaubsorts an, können Barcelona und Norwegen nicht gleichzeitig gewählt werden. Sie müssen eine Wahl treffen. Ein Luxusproblem steht zur Entscheidung an. Sie werden sich für diese Entscheidung die alleinige Verantwortung zuschreiben.

Eine unterlassene Hilfe, eine verweigerte Unterstützung kann unser Verantwortungsgefühl ungleich stärker belasten als eine falsche, eine mit guten Gründen getroffene Entscheidung, mit der wir helfen wollten und die sich zum Nachteil für alle Beteiligten entwickelt.

Fragen:
- Welche Handlungsoptionen erscheinen vor Ihrem inneren Auge?
- Für welche möchten Sie sich eher nicht entscheiden?
- Welche ausgeschlagene Möglichkeit könnte Ihnen später als eine verpasste Chance erscheinen?
- Welche in der Vergangenheit nicht getroffene Wahl geht Ihnen heute noch nach?

Handlungsanregung:
- Entscheiden Sie sich, und übernehmen Sie die Verantwortung dafür.

- Entscheiden Sie sich, etwas nicht zu tun, und übernehmen Sie die Verantwortung dafür.
- Übernehmen Sie Verantwortung.

Niemand weiß, wie weit seine Kräfte gehen, bis er sie versucht hat.
Johann Wolfgang von Goethe (28.08.1749–22.03.1832)

Aufgaben, Anforderungen, Schwierigkeiten erscheinen uns oft wie ein großer Berg. Ihn gilt es zu besteigen, und wir wissen, dass nur wir dies tun können. Wir müssen die ersten Schritte tun. Der Blick in die Höhe kann uns Angst machen. Noch realisieren wir nicht das Gefühl, das wir haben werden, wenn wir den Gipfel erklommen haben. Uns sind die Anstrengungen des Aufstiegs gegenwärtig und wir zweifeln an unseren Kräften. Nach längerem Nachdenken wissen wir auch, dass wir sie nur prüfen können, wenn wir es wagen. Und ab und zu wachsen die Kräfte beim Gehen des Weges.

Eine Analyse der Kräfte ist wichtig. Das Ergebnis eines strukturierten Ressourcenchecks kann sein, dass wir unsere Kräfte als zu gering für die anstehende Aufgabe einschätzen und das Abenteuer nicht wagen möchten. Dann gilt es, Alternativen zu sondieren. Und eventuell ist es hilfreich, dass wir uns nicht nur auf die wahrgenommenen Kräfte verlassen. In jedem Fall darf man sich die Erlaubnis geben, eine Sache anzugehen und dabei seinen Kräftehaushalt kontinuierlich zu beobachten.

Fragen:
- Welche Aufgaben im Leben haben Sie schon bewältigt – obwohl Sie Ihre Kräfte dafür als nicht ausreichend erlebt haben?
- Wie sind Sie bisher in Ihrem Leben Aufgaben angegangen?

Handlungsanregung:
- Gehen Sie davon aus, dass Sie über Kräfte verfügen.
- Gebrauchen Sie Ihre Kräfte für Ihre Vorhaben – alle so lange, wie Sie können.
- Beschreiben Sie Ihre Kräfte, Kompetenzen und Ressourcen.

*Der Tor läuft den Genüssen des Lebens nach und sieht sich betrogen:
der Weise vermeidet die Übel.*

Arthur Schopenhauer (22.02.1788–21.09.1860)

Die Genüsse des Lebens lassen sich überall finden. Der schnelle Genuss kann in einer Zigarette, einem Glas Wein, einem guten Buch oder dem Kauf neuer Schuhe bestehen. Anders und generalisierend formuliert: Der schnelle Genuss besteht im Konsum. Konsum wirkt unmittelbar befriedigend. Mit dem Nachteil, dass die Befriedigung schnell schwinden kann. So kann sich der Konsum zu einem handfesten Übel entwickeln. Dem Weisen wird zugeschrieben, dass er die Übel meidet. Leider wird nicht beschrieben, was er anstelle des Meidens tut. Hier sind wir mit uns selbst konfrontiert und sind aufgerufen, uns damit auseinanderzusetzen, wie wir die Lücke schließen können.

Fragen:
- Welchen Genüssen laufen Sie hinterher?
- Inwieweit erleben Sie sich als Tor?
- In welchen Praktiken würde für Sie eine weise Alternative bestehen?

Handlungsanregung:
- Stehen Sie der schnellen Befriedigung kritisch gegenüber.
- Identifizieren Sie die Genüsse, denen Sie hinterherlaufen und die Sie nicht nachhaltig befriedigen.
- Vermeiden Sie die Dinge, Tätigkeiten, die Sie als Übel identifiziert haben.

Alles wandelt sich, nichts vergeht.

Ovid (43 v. Chr.–17 n. Chr.)

In der Gegenwart leben ist ein Credo unserer Zeit. Den Augenblick wahrnehmen kann in Achtsamkeitsmeditationen eingeübt werden. Strategien der Burnout-Prophylaxe werden gelehrt und langsam in den für viele Menschen belastenden Arbeitsalltag integriert. Die

Konzentration auf den Moment, auf die Gegenwart ist eine gute Schulung der Wahrnehmung. Und wenn alles wechselt, dürfen wir achtsam jeden Augenblick wahrnehmen.

Ovids Spruch lässt sich auch als ein radikales Plädoyer für die Präsenz der Vergangenheit in der Gegenwart interpretieren. Nichts in unserem Leben, in unserer Umwelt bleibt genau gleich. Menschen, Gesellschaften, die Technik: Alles befindet sich in einem permanenten Wandel. Und dennoch bleibt das Vergangene im Gegenwärtigen erhalten. Es kann daher sinnvoll sein, sich ihm zu widmen. Dies insbesondere beim Lösen von Problemen. Denn hier erscheinen uns Situationen ab und zu ganz spezifisch und besonders, einzigartig, ganz neu. Noch nie war jemand in der gleichen Situation. Und auch ich war noch nie in einer Lage wie jetzt. Aber vielleicht sind die Situationen doch nicht nur neu. Ein Blick mit der Wiederholungsbrille kann für uns und unsere Problemlösungsstrategien hilfreich sein.

Fragen:
- Was ist in Ihrem Leben – bei allem Wechsel – aus Ihrer Perspektive bisher gleich geblieben?
- Was ist momentan für Sie ganz neu? Und was bleibt dennoch gleich?
- Welche Schwierigkeit wiederholt sich in der aktuellen Problemsituation?

Handlungsanweisung:
- Würdigen Sie Kontinuitäten – positive wie negative – in Ihrem Leben.
- Erkennen Sie Veränderungen in Ihrem Leben, und schulen Sie Ihren Blick für Bleibendes.

Wer seine Träume verwirklichen will, muss wach sein.
MICHAEL PFLEGHAR (20.03.1933–23.06.1991)

Der Traum, der Wunsch nach einer Alternative zum Bestehenden, der Wunsch nach Besserung ist ein wesentlicher Motor unseres Tuns. Unsere Träume können uns auf angenehme Weise durchs Leben begleiten. Wir können uns auch nach etwas Unerreichbarem sehnen, inständig hoffen, vielleicht auch demütig geduldig warten. Wer aber will, dass sein Traum Wirklichkeit wird, kann dies nur im wachen Zustand erreichen. Es kann unter Umständen harte Arbeit bedeuten. Wollen wir unsere Träume im Alltag realisieren, ihnen wirklich begegnen, uns an ihrer Verwirklichung erfreuen, brauchen wir ein Wissen um unsere Beiträge zur Umsetzung, brauchen wir Mitstreiter, das notwendige Know-how. Und eventuell müssen wir auch noch an günstigen Rahmenbedingungen für unser Engagement am Traum arbeiten.

Fragen:
- Welche Träume haben Sie?
- Wie bewerten Sie Ihren Wachheitszustand bezüglich Ihrer Träume?
- In welchem Verhältnis stehen bei Ihnen momentan Träume und Wachheit?

Handlungsanregung:
- Werden Sie sich Ihrer Träume bewusst.
- Seien Sie wach und fit für die Umsetzung Ihrer Träume.
- Wachen Sie über Ihre Kompetenzen und die Rahmenbedingungen, um Ihre Träume zu verwirklichen.

*Wenn es nur eine einzige Wahrheit gäbe,
könnte man nicht hundert Bilder über dasselbe Thema malen.*
PABLO PICASSO (25.10.1881–08.04.1973)

Überzeugten Konstruktivisten gefällt dieser Spruch, gehen sie doch davon aus, dass Menschen sich immer im Lichte ihrer Annahmen und Erfahrungen ein Bild von der Wirklichkeit machen. Die wahre Wirklichkeit ist für sie nicht zu erkennen. Die eine wahre und objektive Wirklichkeit gibt es nicht. Wir haben es immer mit unseren Konstruktionen, Bildern oder Ideen der Wirklichkeit zu tun, mit dem also, was wir für wirklich halten. Jede Sicht der Wirklichkeit beruht auf von uns gesetzten Annahmen, die für wahr gehalten werden – die es aber nicht sind. Die Wirklichkeit »an sich« können wir nicht erkennen. Alles, was gesagt wird, wird von jemandem gesagt – einer Beobachterin, einer Beschreibenden, einer Sprecherin – oder eben von einer Malerin gemalt. Und deren Bild ist so subjektiv wie ihre Sprache. Für das Lösen von Problemen ist diese erkenntnistheoretische Grundannahme keine schlechte Position. Können wir doch nun unsere Sichtweisen, Theorien, Beschreibungen und Erklärungen nach dem Kriterium der Nützlichkeit und nicht nach dem der Wahrheit beurteilen. »Nützlichkeit« lässt sich nicht verobjektivieren – sie ist an ein Subjekt, an seine Wünsche, Absichten und Ziele gebunden.

Fragen:
- Auf welche unterschiedlichen Weisen möchten Sie Ihre Situation beschreiben?
- Mit welchen unterschiedlichen Bildern können Sie Ihre Situation beschreiben?
- Welche unterschiedlichen Wahrheiten können Sie in Ihrer Situation erkennen?

Handlungsanregung:
- Berücksichtigen Sie in Ihrem Handeln, wie Sie sich ein Bild von der Gegebenheit gemacht haben.
- Berücksichtigen Sie in Ihrem Handeln die möglichen von anderen gemachten Bilder.
- Fertigen Sie alternative Beschreibungen an, und generieren Sie dadurch neue Bedeutungen.

Das Glück, das dir am meisten schmeichelt, betrügt dich am ehesten.
FRANZ KAFKA (03.07.1883–03.06.1924)

Wenn die Schwierigkeiten, die uns aktuell, situativ oder auch schon länger und chronisch belastet haben, enden, befinden wir uns in einer neuen Situation. Eine, die dem Glück näher zu sein scheint. Vielleicht ließe sich Glück so beschreiben: Glück ist die Abwesenheit von Problemen. Die einfache, wenig komplexe Formulierung schützt uns vor der im Spruch angenommenen Definition von Glück. Denn dieses wird dort als ein Widerfahrnis beschrieben, welches einem Menschen schmeichelt.

Wenn wir uns geschmeichelt fühlen, wenn wir spüren, dass wir mit unserem Gegenüber in harmonischer Resonanz stehen, erleben wir ein Glücksgefühl anderer Qualität. Und diesem, mahnt uns der Spruch, sollten wir skeptisch gegenüber sein, denn sonst können wir umso stärker und oder zumindest deutlich spürbarer enttäuscht werden.

Fragen:
- Welche für Sie glückliche Situation schmeichelt Ihnen momentan am meisten?
- Durch welches Glück fühlen Sie sich in der Vergangenheit betrogen?
- Bei welcher Situation des Glücks können Sie eine Betrugssituation reduzieren?

Handlungsanregung:
- Wenn Sie sich situativ geschmeichelt fühlen, achten Sie darauf, dass es keinen schalen Beigeschmack hat.
- Seien Sie skeptisch gegenüber dem schmeichelnden Glück.
- Schätzen Sie das kleine, von Ihnen machbare Glück, das Ihnen nicht schmeichelt.

Es ist schwerer, Gefühle zu verbergen, die man hat,
als die zu heucheln, die man nicht hat.

FRANÇOIS DE LA ROCHEFOUCAULD (15.09.1613–17.03.1680)

Wenn Sie bis über beide Ohren verliebt sind, wenn bei Ihnen Schmetterlinge im Bauch das Kommando übernommen haben, und wenn Sie dann einige Monate später diesen hormongesteuerten Zustand wieder verlassen haben, dann wird Ihr nahes und das weitere soziale Umfeld dies bemerken. Starke Gefühle lassen sich eben schwerlich leugnen. Man sieht Ihnen diese Gefühle an, Sie strahlen sie aus und Ihre Umgebung nimmt sie wahr.

Im Angesicht von Problemen wird die Arbeit an einer Lösung immer auch von Gefühlen begleitet sein. Diese gilt es, zur Kenntnis zu nehmen, Gefühle begleiten die Arbeit am Problem. Und wer hat es nicht schon erlebt, dass wir unsere Traurigkeit, unser Leiden, unsere Verzweiflung locker-flapsig wegreden wollten und uns dies nur suboptimal gelungen ist. Menschen, die uns kennen, haben uns durchschaut und eventuell rückgemeldet, dass sie uns die gute Laune nicht abnehmen.

Die Glücksforschung in Rückgriff auf die Erkenntnisse der Hirnforschung will uns glauben machen, dass unsere Gefühle eine spezifische Kombination von Hormonen darstellen und dass wir auf die Zusammensetzung des Cocktails sehr wohl Einfluss haben. Halten wir den Kopf hoch, soll es gleich nicht mehr so leicht sein, seinen depressiven Gedanken nachzuhängen. Wird der körperlichen Ertüchtigung gefrönt, dann versprechen uns Hirnforscher einen positiven Effekt. Demnach können wir unser Gehirn austricksen, unsere Gefühlswelt zu manipulieren. Geheuchelte Gefühle erscheinen als lenkbare Möglichkeit, einen Ausweg aus Problemlagen zu finden.

Fragen:
- Welche Gefühle möchten Sie, mit guten Gründen, in Ihrer Situation heucheln?
- Welche Gefühle können Sie in Ihrer Situation auch nicht heuchlerisch entwickeln?
- Wann ist es Ihnen gelungen, vorhandene Gefühle zu verbergen?

Handlungsanregung:
- Seien Sie sich Ihrer Gefühle bewusst.
- Entscheiden Sie über Ihre Umgangsweise mit Ihren Gefühlen.
- Gehen Sie davon aus, dass Sie immer auch der Chef Ihrer Gefühle sind.

Mit Geduld und Zeit kommt man weit.
ABRAHAM A SANTA CLARA (02.07.1644–01.12.1709)

Für einige Menschen ist es von Vorteil, wenn sie für vor sich liegende Aufgaben nur wenig Zeit haben. Sie arbeiten nur gut unter Zeitdruck.

Es ist egal, um welches Problem es sich handelt: zur Lösung des Problems brauchen sie Geduld und Zeit – selbst dann, wenn sie weder Zeit noch Geduld haben. Wenn sie beides nicht haben, haben sie schlechte Karten.

Wollen wir bei irgendeiner Aufgabe, mit der Arbeit an einem Ziel weiterkommen, brauchen wir Zeit, brauchen wir Geduld, die Zeit damit zuzubringen, an unserer Sache zu arbeiten. Egal, um welche Art von Problem es sich handelt – ohne dass wir Zeit investieren, ohne dass wir Zeiträume für das Lösen von Problemen einräumen, kommen wir nicht weiter – und ohne multiperspektivische Geduld auch nicht, das heißt: Geduld mit sich selbst, mit anderen Menschen, mit Situationen.

Fragen:
- In welchen Situationen sind Sie geduldig, in welchen zeigen Sie weniger Geduld?
- Wie stark sind Ihre Geduldskompetenzen ausgeprägt?
- In welchem Verhältnis stehen Zeit und Geduld bei Ihnen?

Handlungsanregung:
- Nehmen Sie sich angemessen Zeit für die Erledigung Ihrer Aufgaben.
- Üben Sie sich in Geduld bei der Erledigung Ihrer Aufgaben.
- Schaffen Sie Rahmenbedingungen, in denen Geduld und Zeit in einem sich gegenseitig befriedigendem Verhältnis stehen.

Der Aufschub ist ein Dieb der Zeit.
EDWARD YOUNG (03.07.1683–05.04.1765)

Zeit ist für uns begrenzt. Jede Minute, jede Stunde, jeder Tag, der vergangen ist, ist unwiederbringlich vorbei. Schieben wir auf, wird die Zeit weniger. Wer nicht aufschiebt, hat mehr Zeit. Es ist uns fast immer klar, und dennoch ist es schwer, so schwierig, die uns fordernden Dinge anzupacken und sie nicht aufzuschieben. Wir wissen darum, dass es den genau richtigen Zeitpunkt nicht gibt, dass der Kairos vielleicht nur als Rekonstruktion des richtigen Zeitpunktes erscheint. Kairos könnte auch als eine Erzählung im Nachhinein begriffen werden. Sie attestiert den Handelnden die Gabe der passgenauen Einschätzung in allen Lebenslagen.

Immer wenn uns der Mut, die Kraft, die Energie, das Zutrauen fehlt, eine Sache anzupacken, schieben wir auf. Und die Zeit läuft. Weil wir sie nicht im Griff haben, sie schwindet ohne unser Zutun, wir können sie nur nutzen durch unser Tun.

Fragen:
- Welche Tätigkeiten schieben Sie gerne auf?
- Wann sind Sie das letzte Mal dem Aufschub erfolgreich begegnet?
- Welchen Gewinn ziehen Sie aus dem Aufschub?

Handlungsanregung:
- Schieben Sie nicht auf.
- Erledigen Sie Ihre Dinge sofort.
- Schaffen Sie sich unverplante Zeiträume.

Intelligenz ist die Fähigkeit, seine Umwelt zu akzeptieren.
WILLIAM FAULKNER (25.09.1897–06.07.1962)

Am Anfang aller Veränderung steht eine wahrnehmende Akzeptanz des Ist-Zustandes, der bestehenden Verhältnisse und der für uns relevanten Umwelten. Frei nach Niklas Luhmann gibt es Umwelt nur als Konsequenz von System. Systeme ziehen Umwelten nach sich. Alles, was nicht System ist, ist für das System Umwelt. Und was sich verändert, ist immer nur das System. Wer darauf erpicht ist, Umwelten zu ändern, hält sich auf. Insofern: Wer Veränderung will, akzeptiert, dass diese nur als Selbstveränderung im System zu haben ist. Wer mit Macht ausgestattet ist, kommt auf die Idee, dass auch andere Menschen, Systeme und Umwelten zielgerichtet zu ändern sind.

Für unsere alltäglichen Probleme ist es günstig, dass wir uns die Frage stellen: Was können wir tun? Wie können wir Einfluss nehmen?

Fragen:
- Wie hat sich Ihre individuelle Ansicht darüber, was Sie nicht akzeptieren können, ausgebildet?
- Welche Vor- und Nachteile erwachsen Ihnen aus dieser Kompetenz?
- Inwieweit würden Sie die Fähigkeit, seine Umwelt zu akzeptieren, als eine Form der Intelligenz beschreiben?

Handlungsanregung:
- Akzeptieren Sie Ihre Umwelt.
- Beschreiben Sie sich als intelligent – auch wenn Sie sich der Umwelt (gegenüber) demütig geben.
- Begreifen Sie Ihre Akzeptanz der Situation als Intelligenz.

Wer spricht von Siegen? Überstehen ist alles.
RAINER MARIA RILKE (04.12.1875–29.12.1926)

In allen menschlichen Angelegenheiten kann es – so es andere oder wir selbst es unterstellen – immer auch um Siegen gehen. Der Sieg wird als die Folge, das Ergebnis eines Kampfes, eines engagierten Tuns, eines kontinuierlichen Mühens begriffen. Siegen können wir im Wettkampf mit anderen oder in der Auseinandersetzung mit uns selbst – zum Beispiel kämpfen wir gegen unseren inneren Schweinehund und tragen einen Sieg davon. Auf dem Weg zu Lösungen, zum Ziel kämpfen wir mit uns selbst, wir haben Hindernisse zu überwinden, müssen Stolpersteinen ausweichen und uns motivieren, am Ball zu bleiben bzw. unser Ziel nicht aus dem Blick zu verlieren.

Rilkes Spruch kann tröstlich wirken, mahnt er uns doch, vielleicht nicht auf den Sieg zu fokussieren. Wir müssen uns nicht abhängig machen vom Gewinnen, vom Erreichen eines Ziels; wir dürfen schon stolz auf uns sein, wenn wir »den Kampf« gewagt, wenn wir unsere Mühen durchgehalten haben.

Fragen:
- Was haben Sie in Ihrem Leben überstanden – ohne zu siegen?
- Welche Bedeutung hat für Sie Siegen?
- Wie möchten Sie in Zukunft Situationen überstehen – ohne zu siegen?

Handlungsanregung:
- Halten Sie durch.
- Schauen Sie, dass Sie an Ihren Vorhaben nicht zugrunde gehen, sondern sie überleben.
- Ziehen Sie aus dem Überstehen einen Gewinn.

Stille Unterordnung unter Willkür schwächt,
stille Unterordnung unter Notwendigkeit stärkt.
JEAN PAUL (21.03.1763–14.11.1825)

Der Mensch verfügt über die Fähigkeit, sich unter- und einzuordnen, sich anzupassen, zu integrieren. Der Mensch ist ein soziales Wesen, er ist auf Beziehung angelegt. Aus Situationen, in denen wir einem mächtigen Menschen ausgesetzt sind, der seine Macht dazu nutzt, ihm Folge zu leisten, ihm zu gehorchen, können wir verletzt, geschädigt, traumatisiert hervorgehen. Wenn wir uns ohne Widerspruch dem Willen des anderen unterwerfen, nehmen wir Schaden, wir schwächen uns. Wenn wir die Machtausübung des anderen als einen reinen Willkürakt erleben, wir ihm keine positiven Absichten unterstellen können, dann geht es um Herrschaft. Hierdurch werden wir geschwächt. Wenn wir uns mit guten Gründen, einsichtig und vernünftig einer für uns nicht änderbaren Situation fügen, können wir hierdurch neue Kräfte gewinnen. Kräfte, die auf das uns Mögliche, Machbare fokussieren und unsere Selbststeuerungskompetenzen aktivieren.

Fragen:
- Welche Erfahrungen haben Sie mit willkürlicher, erzwungener Unterordnung gemacht?

- Welche Erlebnisse verbinden Sie mit einer Unterordnung, die Sie als notwendig erachtet haben?
- Wie bewerten Sie Unterordnung im Allgemeinen?

Handlungsanregung:
- Ordnen Sie sich unter – wenn es einer Sache, einer Situation, einem Ziel für Sie mit guten Gründen notwendig erscheint.
- Bedenken Sie, ob Unterordnung Sie stärkt oder schwächt.
- Beurteilen Sie die Situation unter den Fokussen Willkür und Notwendigkeit.

*Je planmäßiger der Mensch vorgeht,
umso wirkungsvoller trifft ihn der Zufall.*
FRIEDRICH DÜRRENMATT (05.01.1921–14.12.1990)

Wer ein Problem hat, macht sich gern einen Plan. Inhalte des Plans sind sowohl die strategischen Schritte der Problemminimierung als auch die der Zielerreichung. Der Plan ist die halbe Miete. Die andere Hälfte ist die Umsetzung des Plans. Die Realisierung des Plans ist nicht nur wichtig, um das Ziel zu erreichen. Die eigene Selbstwirksamkeit zu erfahren ist ähnlich heilsam, wie stolz darauf zu sein, das Ziel erreicht zu haben. Wenn wir an einer Sache »dran sind«, wenn wir selbstreflexiv wahrnehmen, dass wir nicht auf ein Wunder warten, sondern aktiv unsere Ziele verfolgen, verändern wir unsere Lage und unsere Umgebung. Tätiges Umsetzen von Plänen kann begriffen werden als Strategie der Komplexitätserhöhung. Durch unser Machen und Tun erschließen sich neue Möglichkeiten, öffnen sich neue Räume und die Chancen, dass uns der Zufall trifft, erhöhen sich.

Fragen:
- Welche Erfahrungen haben Sie bisher mit Planungen und planmäßigem Vorgehen gemacht?
- An welche Situationen erinnern Sie sich, in denen ein Zufall planmäßiges Vorgehen durchkreuzt hat?
- Wie gehen Sie mit Zufällen um?

Handlungsanregung:
- Machen Sie einen Plan. Orientieren Sie sich an diesem Plan, und lassen Sie sich vom Zufall überraschen.
- Hypothetisieren Sie mögliche Zufälle, die Ihr planmäßiges Vorgehen zerstören könnten.
- Bereiten Sie sich auf Zufälle vor.

Wer in der Zukunft lesen will,
muss in der Vergangenheit blättern.
ANDRÉ MALRAUX (03.11.1901–23.11.1976)

Der Mensch ist in der Lage, zu analysieren, zu reflektieren, zurückzuschauen und daraus Schlüsse für die Zukunft zu ziehen. Der Mensch ist ein planendes Wesen. Der Mensch ist ein strategisches Wesen. Um seine Fähigkeiten zu realisieren, muss er sich sowohl auf die Vergangenheit beziehen als auch den Mut haben, daraus Schlüsse für die Zukunft zu ziehen. In Planungssituationen, in Situationen, in denen wir mit mehreren Handlungsoptionen zu tun haben, ist uns die Vergangenheit eine nützliche Informationsquelle.

Fragen:
- Wann haben Sie in der Vergangenheit ähnliche Situationen erlebt und gemeistert?
- Welche Ihrer Kompetenzen haben Sie da eingesetzt?
- Wie können Sie aus der Vergangenheit Mut, Hoffnung und Zuversicht schöpfen?

Handlungsanregungen:
- Analysieren und reflektieren Sie die für Ihre Problemlage bedeutsamen Erlebnisse aus der Vergangenheit.
- Vergegenwärtigen Sie sich Ihre für Sie wesentlichen Erlebnisse aus der Vergangenheit.
- Setzen Sie Ihre Zukunftsvorstellungen mit Ihren Erfahrungen in der Vergangenheit in Beziehung.

Die Welt wird nie gut, aber sie könnte besser werden.
CARL ZUCKMAYER (27.12.1896–18.01.1977)

Wenn »gut« kein Adjektiv ist, das die Qualität einer Sache beschreibt, sondern im moralischen Sinn – als Gegenteil von böse – gebraucht wird, dann verweist die Vokabel auf den Menschen. Nur durch den Menschen kann die Welt besser oder schlechter werden. Die Welt als ein vom Menschen für sich geschaffener Kosmos kann besser werden. Der Spruch darf mit Ernst Bloch sowohl einem Kältestrom als auch einem Wärmestrom zugeschrieben werden,[2] der Aphorismus konstatiert, dass ein Optimum nicht zu erreichen ist und dass wir uns dennoch für eine bessere Welt engagieren können.

Fragen:
- Wodurch zeichnet sich für Sie eine gute Welt aus?
- Wodurch merken Sie, dass die Welt sich zum Besseren entwickelt?
- Wie erklären Sie sich, dass die Welt nie gut sein wird?

Handlungsanregung:
- Handeln Sie so, dass die Welt durch Ihr Handeln besser werden könnte.
- Schreiben Sie Ihrem weltverbessernden Handeln Sinn zu – auch wenn es ungewiss ist, ob die Welt dadurch besser wird.
- Tun Sie Gutes, und ertragen Sie die eventuelle Ineffektivität.

---

2 Der Philosoph Ernst Bloch verwendet »Wärme-« und »Kältestrom« als gesellschaftsanalytische Begriffe. Mit »Kältestrom« wird die sachliche exakte Gesellschaftsanalyse bezeichnet. »Wärmestrom« steht für eine Gesellschaftsanalyse, die von den Erwartungen der Menschen ausgeht, sie erfasst die Hoffnungen der Menschen: »Während der Kältestrom die ökonomisch-materiellen Bestimmungen analysiert und einen Plan für die Veränderung der Welt entwirft, der […] realisierbar ist, garantiert der Wärmestrom, dass der Plan den Träumen der Menschen entspricht und die menschliche Aktion […] dem Ziel näherbringen kann« (Mazzini, 2012, S. 230).

Auch wenn die Kräfte fehlen, ist doch der gute Wille zu loben.
OVID (43 v. Chr.–17 n. Chr.)

Gehen wir eine Sache an, so wollen wir ein Ziel erreichen. Der Weg zum Ziel bedarf der Reflexion. Für eine große Wanderung und eine Radtour haben wir trainiert. Für das Verfassen unserer Biografie haben wir uns Urlaub genommen.

Wer sich etwas vornimmt, macht gelegentlich einen Ressourcencheck und stellt sich die Frage, ob seine Kräfte ausreichen, das Ziel zu erreichen, ob der Kontext günstig ist, das Projekt zu wagen. Ob die Kräfte reichen, lässt sich nie genau sagen. Wenn wir tätig werden, ist der Wille zu loben. Die Absicht, der gute Wille ist zu würdigen. Wir mühen uns, wir strengen uns an, das allein ist der Anerkennung wert.

Fragen:
- Für welche Vorhaben genügen Ihre Kräfte momentan nicht?
- Für wie stark halten Sie Ihren Willen, diese dennoch anzugehen?
- Für welche Vorhaben hat es sich gelohnt, sich anzustrengen – obwohl die Kräfte für die gänzliche Zielerreichung nicht ausreichten?

Handlungsanregung:
- Setzen Sie sich herausfordernde Ziele.
- Handeln Sie gemäß Ihrem Willen – nicht nur gemäß Ihren Möglichkeiten.
- Kalkulieren Sie ein, dass Ihre Kräfte eventuell nicht ausreichen.

Gewiß ist es fast noch wichtiger, wie der Mensch das Schicksal nimmt, als wie es ist.
WILHELM VON HUMBOLDT (22.06.1767–08.04.1835)

Schwierige Schicksale können nur vordergründig schwere Schicksale sein. Ob sie es wirklich sind, kann immer nur der Betroffene selbst entscheiden. Schicksal kann als Botschaft, deren Bedeutung nicht feststeht, verstanden werden. Und in diesem Fall bestimmt der

Empfänger der Botschaft ihre Bedeutung, die Bedeutung des Schicksals. Der Empfänger allein ist Bedeutungsgeber. Dennoch lässt sich Schicksal nicht abnehmen. Wir haben Optionen. Wir können unser Schicksal annehmen, dagegen rebellieren oder es als uns gegebenen Entwicklungsraum betrachten. Ablehnen können wir das Schicksal nicht.

Fragen:
- Welche Menschen kennen Sie, die aus Ihrer Sicht ihr schweres Schicksal annehmen?
- Wodurch zeichnet sich für Sie ein schweres Schicksal aus?
- Welche generellen Bewältigungsstrategien für Schicksalsschläge empfehlen Sie?

Handlungsanregung:
- Vergewissern Sie sich Ihrer Möglichkeiten, sich zu Ihrem Schicksal zu verhalten.
- Gehen Sie davon aus, dass Ihr Schicksal Ihnen nicht Ihr konkretes Leben vorschreibt.
- Verhalten Sie sich in Denken und Handeln bewusst zu Ihrem Schicksal.

Die utopischen Träume sind oft nur vorzeitige Wahrheiten.
nach ALPHONSE DE LAMARTINE (21.10.1790–28.02.1869)

Träume sind ein Antrieb des Lebens, wir orientieren uns in unserem Handeln an Zukunftsvorstellungen, Wünschen und Träumen. Träume können uns Energie geben. Sie sind ein Motor für die Arbeit an unserer Zukunft. Utopien beflügeln uns, nähren unsere Kräfte. Träume werden aus unterschiedlichen Quellen gespeist. Sie sind nicht ausschließlich Hirngespinste. Sie sind immer auch von rationalen Überlegungen bestimmt. Wir erkennen phantastische Träumereien, utopische Ideen ohne Realitätsbezug schnell. Und wir wissen dennoch auch, dass Träume Wirklichkeit werden können – sonst würden wir sie nicht als Leitfaden unseres Handelns nehmen.

Fragen:
- Welche Beispiele aus der Geschichte sind Ihnen für diesen Spruch präsent?
- Welche utopischen Träume waren für Sie vorzeitige Wahrheiten?
- Bei welchen utopischen Träumen fürchten Sie, dass sie sich als vorzeitige Wahrheiten herausstellen?

Handlungsanregung:
- Handeln Sie gemäß Ihren Träumen.
- Begründen Sie Ihre Utopien mit guten Gründen als vorzeitige Wahrheiten.
- Erfassen Sie in der Utopie die Wahrheiten, deren Zeit noch nicht gekommen ist.

Der Witz ist die Waffe der Wehrlosen.
SIGMUND FREUD (06.05.1856–23.09.1939)

Befinden wir uns in einer ausweglosen Situation, fühlen wir uns ohnmächtig. Wir können uns wieder als selbstmächtig erleben, indem wir über uns selbst lachen. Sich selbst zu parodieren, eigenen Schwächen und der eigenen Ohnmacht mit Humor zu begegnen, macht uns wieder handlungsfähig. Erleben wir uns in Beziehungen wehrlos unserem Gegenüber ausgeliefert, vermag ein Witz auf Kosten unseres Gegenübers zur Waffe zu werden. Insofern ist Humor immer auch eine riskante Kommunikationsform, er kann deeskalierend wirken – tut dies aber nicht zwingend. Eine humorige Bemerkung über den anderen kann die Auseinandersetzung auch weiter zuspitzen. Daher ist es vielleicht hilfreich, als Erstes zu versuchen, über sich selbst oder die Situation, in der man sich befindet, zu lachen.

Fragen:
- Wann konnten Sie das letzte Mal über eine Situation lachen, in der Sie sich wehrlos fühlten?
- In welcher Situation haben Sie das letzte Mal Witze über einen Menschen machen können, dem Sie sich gegenüber als wehrlos empfunden haben?

- Was können Sie tun, damit es Ihnen leichter fällt, über sich und Ihre Situation zu lachen?

Handlungsanregung:
- Wenn Sie sich wehrlos fühlen – lachen Sie über sich und über die Menschen, die Sie wehrlos machen.
- Lachen Sie!
- Lachen Sie sich frei.

Das Herz hat seine Gründe, die die Vernunft nicht kennt.
nach BLAISE PASCAL (19.06.1623–19.08.1662)

Das Herz entwickelt seine Haltungen auf weniger unmittelbar einsichtigen Gründen als die Vernunft. In Beziehungen fußen sie beispielsweise auf eine nicht in Worte zu fassende Sympathie für das Gegenüber, werden bestimmt von der Situation und von der aktuellen Gestimmtheit beider Personen. Herzensgründe scheinen komplexer zu sein als die Gründe der Ratio. So können wir unsere Sympathie oder die Liebe auf den ersten Blick auch uns befreundeten Menschen nicht eindeutig erklären. Wir fühlen die Wirkkraft unserer Herzensgründe, sie dem anderen zu vermitteln, gelingt uns nicht. Auch das Gegenüber ahnt nur unsere wirkenden Herzensgründe. Mit der Vernunft können wir versuchen, die Herzensgründe einzuholen. Und es kann sinnvoll sein, dies zu tun – wenn wir davon ausgehen, dass andere sie nicht vollends fassen werden.

Fragen:
- Was verstehen Sie unter Herzensgründen?
- Welche Bedeutung haben diese für Sie?
- Wie denken Sie mit dem Herzen?
- In welcher Weise kooperieren bei Ihnen Herz und Vernunft?

Handlungsanregung:
- Machen Sie sich auf die Suche nach Ihren Herzensgründen, und nehmen Sie diese ernst.

- Stellen Sie die Herzensgründe den Kopfgründen gegenüber, und wägen Sie ab.
- Gehen Sie davon aus, dass Ihr bewusstes Denken nicht hinreichend ist, um alle Ihre Gründe für Ihr Handeln zu erschließen.

Der Himmel hat den Menschen als Gegengewicht zu den vielen Mühseligkeiten des Lebens drei Dinge gegeben: die Hoffnung, den Schlaf und das Lachen.
nach IMMANUEL KANT (22.04.1724–12.02.1804)

Mühseligkeiten gehören wie glückliche Momente und Flowgefühle zum Leben. In von Flowzuständen begleiteten Lebenssituationen leben wir bedenkenlos; Momente und Stunden erfahren wir als Geschenke des Himmels. Nicht nur diese können wir nach Kant als Ausgleich zu den Mühseligkeiten des Lebens empfinden. Indem Kant die Hoffnung, den Schlaf und das Lachen als Gegengewicht anführt, geht er wesentlich pragmatischer vor. Alle drei Verhaltensweisen können als Bewältigungsstrategien bei misslichen Zuständen kategorisiert werden. Bewusstes Hoffen als die rationale Imagination eines alternativen Zustands zu dem des mühseligen ist konkretes Tun, weil es die Grundlage legt für das Tätigwerden, um die alternative Zukunft zu erreichen. Schlafen wird landläufig nicht als aktive Tätigkeit begriffen. Sich Ruhe zu gönnen, zu schlafen, einige Stunden in der wohligen Wärme abstinent von den Mühseligkeiten des Alltags zu verbringen basiert auf einer Entscheidung. Der Schlaf kann als Auszeit und kraftspendende, regenerierende Tätigkeit begriffen werden. Das Lachen jenseits der Mühseligkeiten lässt sich hingegen durchaus als aktives Tun verstehen. Wir können etwas tun, um zu lachen – und sei es nur der Konsum von erheiternden Filmen oder der Besuch von Kabarettveranstaltungen. Das Lachen über die eigenen Mühseligkeiten kann einen distanzierenden Effekt haben.

Fragen:
- Welche Mühseligkeiten sind Ihnen momentan präsent?
- Welche der drei Möglichkeiten sind für Sie die passenden Möglichkeiten der Überwindung des Leidens?

- Wie können Sie über Ihr Problem lachen?

Handlungsanregung:
- Hoffen Sie – begründet oder unbegründet, und richten Sie Ihr Handeln danach aus.
- Schlafen Sie Ihren Kummer weg. In der Zeit vergehen Ihre Sorgen.
- Lachen Sie über Ihre Misslichkeiten.

Es ist nicht genug zu wissen, man muß auch anwenden;
es ist nicht genug zu wollen, man muß auch tun.
JOHANN WOLFGANG VON GOETHE (28.08.1749–22.03.1832)

Vieles wissen wir – auch in Problemlagen. Fragen uns Menschen um Rat, so können wir angemessen reagieren. Wir fragen nach der Situation und geben passende Ratschläge zum Umgang mit den Umständen. In eigenen Problemlagen ist uns die Analyse der Situation gegenwärtig, und wir wissen, dass der eigentliche Schritt noch zu tun ist: Wir müssen ihn tun, wir müssen handeln, anders ausgedrückt: wir müssen ihn anwenden. Und hier kommt der Wille ins Spiel. »Altdeutsch« formuliert: der Wille; neudeutsch: die Motivation. Die Motivation ist eine unabdingbare Voraussetzung für das Handeln. Allein eine Komponente genügt nicht. Wissen für sich allein reicht nicht, Motivation für sich allein reicht nicht. Wir müssen das Wissen in ein Tun integrieren. Und dabei gilt es auch noch, die Motivation aufrechtzuerhalten.

Fragen:
- Was wissen Sie bezüglich Ihres Problems?
- Was könnte Sie motivieren, dieses Wissen zu nutzen und anzuwenden?
- Wann möchten Sie entscheiden, dass Sie es tun?

Handlungsanregung:
- Wenn Sie wissen, dann wenden Sie an, was Sie wissen.
- Wenn Sie etwas wollen, dann tun Sie Entsprechendes.
- Wenn Sie wissen und wenn Sie wollen, dann handeln Sie entsprechend.

Alles ist richtig, auch das Gegenteil.
Nur: »Zwar ... aber« – das ist nie richtig.
KURT TUCHOLSKY (09.01.1890–21.12.1935)

Unsere Perspektiven auf die Wirklichkeit sind vielfältig. So sind aus unterschiedlichen Beschreibungen abgeleitete Handlungen eben immer nachvollziehbar und somit richtig. Aber eben für unterschiedliche Menschen, sie sind subjektiv plausibel und stimmig. Eine Richtigkeit ergibt sich aus dem Standpunkt, deshalb kann auch das Gegenteil richtig sein. Im »Zwar-aber«-Modus des Denkens formulieren wir einen Zweifel, der uns lähmt und unser Handeln beeinträchtigt. Wer sich nicht – wenn auch zeitlich begrenzt – positioniert, kann nicht überprüfen, ob er richtig- oder falschliegt.

Fragen:
- Welche Lösungsideen kommentieren Sie mit einem »Ja – aber«?
- Welche Vor- und Nachteile sehen Sie in der Kommentierung »Ja – aber«?
- Welche sich widersprechenden und nicht gleichzeitig auszuführenden Handlungsimpulse sehen Sie als richtig an?

Handlungsanregung:
- Bedenken und beurteilen Sie Situationen unter »Ja – aber«-Gesichtspunkten, und treffen Sie danach Ihre Entscheidungen.
- Wissen Sie um die guten Gründe für Entscheidungen – egal, um welche es sich handelt.
- Treffen Sie Entscheidungen.

> *Die Zukunft hat viele Namen:*
> *Für die Schwachen ist sie das Unerreichbare,*
> *für die Furchtlosen ist sie das Unbekannte,*
> *für die Tapferen ist sie die Chance.*
>
> VICTOR HUGO (26.02.1802–22.05.1885)

Die Zukunft ist grundsätzlich offen. Sie ist nicht hundertprozentig vorhersehbar. Sie ist nicht berechenbar. Zukunft ist immer für uns – immer geht es auch um unsere Zukunft. Unser Denken, Fühlen und Handeln, unsere Biografie und unsere Erfahrungen bestimmen unsere Vorstellungen der Zukunft mit. Fühlen wir uns schwach, kraftlos und vielleicht sogar wunschlos – wenn auch nicht wunschlos glücklich –, dann nehmen wir in der Gegenwart Möglichkeiten des Gestaltens nur rudimentär wahr. Für uns tritt die Zukunft in ihrer Dimension neben die Unerreichbarkeit. Sind wir furchtlos, erscheint uns die Zukunft als das Unbekannte. Furchtlosigkeit zeichnet sich dadurch aus, dass wir die Zukunft als generell unbekanntes Terrain akzeptieren. Wer vollkommen furchtlos ist, hat sich in keinerlei Hinsicht mit möglichen Zukünften auseinandergesetzt – sicherlich nicht mit den immer auch möglichen negativen Zukünften. Wer furchtlos ist, blendet diese radikal aus. Der Tapfere sieht die Zukunft immer auch als Chance, er sieht sowohl Möglichkeiten als auch Gefahren. Tapferkeit ist nicht mit Blauäugigkeit zu identifizieren. Tapferkeit kann als mutiges Handeln mit rationalen Gründen begriffen werden. Sie fokussiert vorwiegend auf die Möglichkeiten – ohne die Gefahren zu ignorieren.

Fragen:
- Welchen Namen würden Sie der Zukunft geben?
- Welche Art der Zukunft aus dem Aphorismus trifft für Sie momentan zu?
- Welcher Name für die Zukunft ist Ihnen momentan sympathisch?

Handlungsanregung:
- Beschreiben Sie mögliche Zukunftsszenarien mit den Ihnen zur Verfügung stehenden Informationen.
- Handeln Sie so, dass Sie auf Ihre Zukunft Einfluss nehmen können.

Man gibt Ratschläge, aber die Ausführung bringt man keinem bei.
FRANÇOIS DE LA ROCHEFOUCAULD (15.09.1613–17.03.1680)

Ratschläge sind ambivalent. Vom Ratsuchenden werden sie zwar erwünscht und Ratgebende geben sie gern, aber oft sind Ratgebende und Ratsuchende miteinander unzufrieden. Der Suchende hatte anderes erwartet, fühlt sich möglicherweise unverstanden und sieht seine Lage nicht angemessen berücksichtigt. Der Gebende empfindet sich als unzureichend gewürdigt – in seinen nach bestem Wissen und Gewissen vorgetragenen Ratschlägen. Ratsuchender und Ratgebender gehen in dieser Konstellation leer aus. Im besten Fall kann der Ratsuchende die Ratschläge gut annehmen, sie sind ihm plausibel. Und nun? Wie gesagt: Die Ausführung bringt man keinem bei.

Fragen:
- Welche Ratschläge haben Sie bezüglich Ihrer Schwierigkeit, Ihrer Fragestellung schon bekommen?
- Welche Ratschläge haben Sie oder jemand aus Ihrem inneren Team Ihnen schon gegeben?
- Wie können Sie sich vorstellen, die Ausführung nun auch noch gut hinzubekommen?

Handlungsanregung:
- Handeln Sie entsprechend der Ihnen plausiblen Ratschläge.
- Lassen Sie dem Großhirn das Kommando.
- Machen Sie eine Liste der Hindernisse, die Sie von der Ausführung abhalten.

Vergangenes kann man nicht ändern,
aber man kann sich ändern – für die Zukunft.
HANS FALLADA (21.07.1893–05.02.1947)

Unsere Vergangenheit ist eine maßgebliche Quelle unserer Identität. Zu Erfahrung geronnene Ereignisse und Erlebnisse gehören zu uns. Die Frage danach, wer wir sind, wird immer durch Geschichten über unser bisheriges Leben beantwortet. Was geschehen ist, ist geschehen, wir können es nicht ändern – aber wie wir es erinnern, wie wir Rückblick halten und wie wir unsere Geschichten tradieren, entscheiden wir. Und ob wir in der Vergangenheit Erlebnisse hatten, die Anlass für eine Selbstveränderung waren oder sind, entscheiden wir. In der Vergangenheit verfolgte und nicht erreichte Ziele, in der Vergangenheit nur ansatzweise befriedigte Bedürfnisse weisen uns auf Selbstveränderung hin – wenn wir uns als diejenigen identifizieren, die Ursache waren für nicht erreichte Ziele und nicht befriedigte Bedürfnisse. Umgesetzte Selbstveränderungspläne können dem eigenen Leben einen Mehrwert geben. Sie bergen allerdings auch das Risiko, die eigene Geschichte abzuwerten.

Fragen:
- Welche Entscheidungen aus Ihrer Vergangenheit möchten Sie gerne rückgängig machen?
- Welches vergangene Ereignis hat bei Ihnen den Impuls, etwas an sich zu ändern, ausgelöst?
- Was nehmen Sie sich für die Zukunft vor?

Handlungsanregung:
- Ändern Sie sich. Verändern Sie etwas.
- Ändern Sie sich so, dass Sie die Zukunft bewältigen können.
- Akzeptieren Sie die Vergangenheit – Sie können sie nicht ändern. Schauen Sie in die Zukunft, und überlegen Sie, wie Sie sie gerne haben möchten.

Du kannst dein Leben nicht verlängern, noch verbreitern, nur vertiefen.
GORCH FOCK (22.08.1880–31.05.1916)

Im Gegensatz zur Vertiefung des Lebens scheinen mir die Varianten, das Leben zu verlängern und zu verbreitern, die gängigen zu sein. In ökonomisch florierenden westlichen Konsumgesellschaften herrscht eine latente Unbefriedigtheit bei gleichzeitigem Angebot, die Leistungsfähigkeit medikamentös zu verlängern und das dadurch Unerfüllte mit immer neuen Konsummöglichkeiten zu verbreitern, vor. Verlängern in diesem Sinn bedeutet, die für die Arbeitswelt notwendige Fitness aufrechtzuerhalten und dies möglichst lange fortzusetzen. Verbreitern könnte bezeichnen, sich für das erwirtschaftete Geld möglichst viel zu leisten, möglichst viel mitzunehmen. Vertiefen in diesem Sinn meint, sich weniger Dingen zu widmen und sich in eine Sache zu vertiefen.

Fragen:
- Wie möchten Sie Ihr Leben in Zukunft vertiefen?
- An welchen Tätigkeiten würden Sie merken, dass Sie an der Vertiefung Ihres Lebens arbeiten?
- Welchen Gewinn hätten Sie von der Vertiefung Ihres Lebens?

Handlungsanregung:
- Befassen Sie sich mit Ihrem Leben, indem Sie sich intensiv mit sich selbst beschäftigen.
- Überlegen Sie, wie Sie Ihr Leben vertiefen können.
- Überlegen Sie, ob Sie Ihr Leben verlängern oder verbreitern wollen.

Fortschritt ist das Werk der Unzufriedenen.
nach ALDOUS HUXLEY (26.07.1894–22.11.1963)

Im Zustand der Unzufriedenheit verlangt der Mensch nach ihrer Abwesenheit. Die Unzufriedenheit soll verschwinden. Man möchte ihr gern mit sofortiger Wirkung fristlos kündigen. Wer unzufrieden ist, fühlt sich selten voller Tatendrang, bei vielen Menschen macht sich eher eine lethargische bis depressive Stimmung breit. Diese ist aber auch oft begleitet von Zorn auf den Ist-Zustand. Insofern kann auch die Unzufriedenheit ein optimaler Bewusstseinszustand für Neuanfänge und Revolutionen sein.

Weiterentwicklungen benötigen Tatkraft. Unzufriedenheit bedarf der Entscheidung, selbst etwas ändern zu können. Die tätige Einflussnahme sollte als Fortschritt begriffen werden. Man macht sich auf den Weg. Hält das Gefühl der Selbstwirksamkeit wieder Einzug in den Menschen, schwindet die Unzufriedenheit. Selbst wenn es ungewiss ist, einen wirklichen Fortschritt zu erlangen, hilft es den Unzufriedenen, Einfluss nehmend tätig zu sein.

Wo Unzufriedene beieinander sind, wächst die Möglichkeit der Veränderung.

Fragen:
- Womit sind Sie unzufrieden?
- Woran würden Sie einen Fortschritt in Ihrem Leben feststellen?
- Wie sehr liegt Ihnen an der Minimierung der Unzufriedenheit?

Handlungsanregung:
- Machen Sie sich auf die Suche nach dem, mit dem Sie unzufrieden sind.
- Definieren Sie die Weise des Fortschreitens.
- Vergegenwärtigen Sie sich den gegenteiligen Zustand von Unzufriedenheit, und handeln Sie dementsprechend.

Der Wille öffnet die Türen zum Erfolg.
Louis Pasteur (27.12.1822–28.09.1895)

Erfolg basiert nicht nur auf Kompetenz, Leistungsvermögen und günstigen Kontextbedingungen. Fehlt der Wille, ein Ziel zu erreichen, einen Erfolg zu erlangen, verblassen die Ressourcen für erfolgreiches Handeln. Offene Türen allein nützen nicht – man muss sie auch durchschreiten.

Fragen:
- In welcher Verfassung ist Ihr Wille bezüglich Ihrer Fragestellung?
- Welchen Einfluss haben Sie auf Ihren Willen, so dass sich die Türen zum Erfolg öffnen?
- Welcher Erfolg befindet sich hinter den geöffneten Türen?

Handlungsanregung:
- Machen Sie sich über die Verfasstheit Ihres Willens kundig.
- Unterschätzen Sie Ihren Willen nicht.
- Nutzen Sie die Kraft Ihres Willens.

VI Sprücheberatung als »Universalmethode«

Die von mir entwickelte Sprücheberatung, die Beratung mit Aphorismen, ist eine Form der Ultrakurzberatung. Praktiziert werden kann sie in einem klassischen Beratungssetting in der Beratungsstelle, in der Sozialen Arbeit – zum Beispiel in der Sozialpädagogischen Familienhilfe –, in therapeutischen Bezügen und in Gruppenkontexten (Fort- und Weiterbildungen, Supervisionen und Teamentwicklungen). Für schon etwas kundige und wohl auch mutige Sprücheberaterinnen und Sprücheberater bieten sich Marktplätze und Stadtfeste jeder Größe als Probebühne an. Bevor Sie mit Gesprächspartnern die Sprücheberatung praktizieren, kann es förderlich sein, diese selbst mehrmals im Hinblick auf eigene Problemlagen »durchzuspielen«. Hier können Themen und Fragestellungen des VII. Kapitels genutzt werden. Die Sprüche fokussieren nicht auf spezifische Problemlagen und Arbeitskontexte. Sie sind so ausgewählt worden, dass ihnen ein genereller Anspruch unterstellt werden kann. Insofern eignet sich die Sprücheberatung für kleine, mittelgroße oder auch chronische Schwierigkeiten und daraus abgeleitete Fragestellungen. Im Rahmen der Sprücheberatung werden neue, vielleicht ungewöhnliche Ideen und hoffentlich viele hilfreiche Denkmöglichkeiten und Handlungsoptionen entwickelt.

In den meisten Beratungen und Therapien wird zu Beginn einer Zusammenarbeit nach dem Anlass, Unterstützung in Anspruch zu nehmen, gefragt. Die Kunden werden eingeladen, ihr Problem zu schildern. Wenn hierüber für beide Kooperationspartner ausreichend Klarheit herrscht, schließt sich häufig eine mehr oder weniger detaillierte Zielformulierung an. Hierbei empfiehlt es sich, zwischen dem Zielzustand – als dem gewünschten Zustand jenseits des Problems – und dem Ziel der Zusammenarbeit zu unterscheiden. Danach widmen sich die Kooperationspartner der Entwicklung von Lösungsideen: den ersten kleinen Schritten hin zur Lösung oder zum formulierten und vom Kunden gewollten Zielzustand. Diese Hauptarbeit in verschiedenen Beratungskontexten wird bei der Sprücheberatung durch das Ziehen eines Aphorismus ersetzt. In der Sprücheberatung wird nicht nach bisherigen Lösungs- und Bewältigungsstrategien gefragt. Es wird nicht explizit auf Ausnahmesituationen fokussiert, die Wunderfrage wird nicht gestellt. Vielmehr wird eine Lösungsperspektive ausgehend von einem zufällig gezogenen Spruch entwickelt. Der erste Lösungsraum, der zu beschreitende Lösungskorridor, wird bewusst nicht von den Gesprächspartnern gemeinsam entwickelt, sondern durch den Spruch vorgegeben. Sprücheberatung generiert so durch das Ziehen eines Spruchs eine mögliche Antwort auf die persönliche Fragestellung zu einer formulierten Schwierigkeit. Sprücheberatung lädt bewusst dazu ein, bisherige Sichtweisen und offensichtliche Handlungsoptionen zu überprüfen, sie zu hinterfragen und sich auf neue Perspektiven der Analyse und Lösungsmöglichkeiten einzulassen. Vielleicht wird die Gesprächspartnerin in ihren bisherigen Annahmen, Betrachtungen und Lösungsstrategien bestätigt. Dies ist in unterschiedlichen Beratungssettings immer wieder der Fall. Als Ergebnis einer solchen Zusammenarbeit fühlen sich die Kunden gewürdigt und wagen nun gestärkt, den nächsten Schritt bei der Umsetzung ihrer Lösungsstrategie zu tun.

Der gezogene Spruch kann das Gegenüber in der Sprücheberatung mit einer Aussage zur Problemlage und Fragestellung ebenso konfrontieren. Beide Kooperationspartner können durch den zufällig gezogenen Aphorismus auch herausgefordert sein, gilt es doch, diesen radikal ernst zu nehmen und ihn – wenn auch vorläufig – im gemeinsamen Nachdenken als »Lösung« bzw. als Hinweis auf Lösungsoptionen zu akzeptieren. Sprücheberatung bietet so einen selbstgeschaffenen Raum des neuen, alternativen Denkens, Nachsinnens für bisher nicht beantwortete Fragen.

Sprücheberatung will als anregende Kurzberatung verstanden werden. Allerdings ist sie durch ihre Form zeitlich unbegrenzt. Sie kann sehr kurz sein, weil dem Ratsuchenden sein Aphorismus unmittelbar als Lösung einleuchtet und ihm schnell ein klares Lösungsbild vor seinem inneren Auge erscheint. Auch in diesem Fall ist es hilfreich, die Gesprächspartner einzuladen, ihre Lösungsideen etwas ausführlicher zu erläutern. Einige Beratungen können auch etwas länger dauern. Dies ist häufig dann der Fall, wenn der Aphorismus für die Sprüchezieherin oder den Sprücheziehernicht unmittelbar auf eine Lösungsperspektive verweist. Unter der Annahme, dass der Spruch dennoch als Lösung akzeptiert wird, kann sie oder er mehr Zeit für das Nachdenken und die Konversation benötigen.

Sprücheberatung will zum Nachdenken anregen, sie will neue Perspektiven generieren, indem sie nur eine Perspektive – nämlich die des Spruchs und all seiner vielfältigen Implikationen – akzeptiert.

Ablauf der Sprücheberatung

»Schwierigkeit: sie liegt darin, dass man diese Form heute nicht schwer genug nimmt. Ein Aphorismus, rechtschaffen geprägt und ausgegossen, ist damit, dass er abgelesen ist, noch nicht ›entziffert‹; vielmehr hat nun erst dessen Auslegung zu beginnen, zu der es einer Kunst der Auslegung bedarf« (Nietzsche, 1955, S. 770).

Sprücheberatung ist multikontextuell anwendbar; hier wird ein standardisierter Ablauf vorgestellt. Er lässt sich je nach Situation, Arbeitskontext und gemäß Ihren Vorstellungen abwandeln. Jedes methodische, strukturierte Vorgehen sollte vom Praktiker als seine eigene Methode angeeignet werden.

Vorstellung der Methode

Dem Gesprächspartner wird der zeitliche Ablauf der Sprücheberatung skizziert. Stichwortartig werden Ziele, Möglichkeiten und Risiken benannt. Oft stelle ich die Methode wie folgt vor: Sprücheberatung ist eine Ultrakurzberatungsmethode in drei Schritten: 1. Das Problem, 2. der Spruch, 3. die Lösung. Im ersten Schritt werde ich Sie einladen, mir von einer Schwierigkeit, einem Problem, einem Thema zu berichten. Ich werde Ihnen eventuell ein bis zwei kurze Verständnisfragen stellen. Dann werde ich mich erkundigen, welche Frage Sie bezüglich der Schwierigkeit am meisten bewegt, auf welche Fragestellung Sie im Rahmen der Sprücheberatung eine Antwort finden möchten. Vielleicht werde ich Sie bitten, mir ein für Sie erstrebenswertes Ziel der Sprücheberatung zu nennen. Im zweiten Schritt der Beratung werde ich Sie auffordern, einen Spruch aus dem Kartenset zu ziehen. Begleitend werde ich Ihnen sagen, dass Sie mit diesem Spruch die »Lösung« oder einen sehr wichtigen Hinweis für die Lösung der Schwierigkeit ziehen werden. In den Karten liegt die Antwort auf Ihre Frage. Mit diesem »Lösungsgemurmel« möchte ich mich als Berater und Sie als Kunden darauf einstimmen, dass wir gemeinsam davon ausgehen, dass der Spruch die Lösung ist. Haben Sie einen Spruch gezogen, werden Sie im dritten Schritt den Spruch vorlesen. Ich bitte Sie, mir zu erklären, wie Sie den Spruch verstehen. Wir philosophieren über den Aphorismus, ohne ihn schon als »die Lösung« in Augenschein zu nehmen. In der letzten Phase der Sprücheberatung werden wir nachdenken, inwieweit der Spruch für Sie als Lösung des Problems, als Antwort auf Ihre Frage zu begreifen ist.

Einwilligung zur Methode
Das Gegenüber wird freundlich-offensiv um Erlaubnis gebeten, mit der Methode der Sprücheberatung zu arbeiten. In aller Regel nehmen nur jene Menschen die Sprücheberatung in Anspruch, die sich auf diese ernsthaft-spielerische Form der Beratung einlassen möchten. Vorteilhaft kann es dennoch sein, wenn Sie noch mal »offiziell« um Erlaubnis fragen und darauf hinweisen, dass die Beratung ergebnisoffen und ein Erfolg nicht garantiert ist.

Problemformulierung, Schilderung der Schwierigkeiten und Entwicklung einer Fragestellung
Der Kunde wird aufgefordert, von einer Schwierigkeit, einem Problem, einem Thema, einem Anliegen, einer Fragestellung zu berichten. Dies darf ein aktuelles oder ein schon länger andauerndes Problem sein. Eine ermunternde Aufforderung kann sein: »Erzählen Sie mir von Ihrem Thema, Ihrer Schwierigkeit. Es kann eine Alltagsschwierigkeit sein, ein Problem, mit dem Sie schon lange gut verheiratet sind, oder ein Thema, mit dem Sie sich immer wieder – vielleicht aus bestimmten Anlässen – beschäftigen.« Alternativ können Sie mit folgenden Fragen bzw. Aufforderungen in die Beratung einsteigen: »Welches Thema, welche Frage, welche Schwierigkeit, welche Geschichte treibt Sie um? Um welches Thema kreisen Ihre Gedanken? Was macht Ihnen Sorgen? Worum geht's? Schießen Sie los! Erzählen Sie einfach mal!« Der Sprücheberater fragt das Thema und die sich daran anschließende Fragestellung konkretisierend nach.

Die Schwierigkeit sollte für beide Gesprächspartner ausreichend klar formuliert sein. Ist dies der Fall, kann eine Fragestellung bezüglich des Themas formuliert werden. Bei der Formulierung der Fragestellung sollte berücksichtigt werden, dass die angestrebte(n) Antwort(en) vom Gesprächspartner umgesetzt werden kann (können). Die Beantwortung der Frage und die abgeleiteten Handlungen sollten im Kompetenzbereich des Kunden liegen.

Der Spruch wird gezogen
Der Kunde zieht nun einen Spruch. In einem ersten Schritt wird allgemein über diesen Spruch philosophiert, auf die Schwierigkeit, das Thema und das vom Ratsuchenden intendierte Ziel wird noch nicht Bezug genommen. Nach dem Ziehen eines Spruchs reagieren die Gesprächspartner unterschiedlich. Sie lächeln, strahlen, lachen und kommentieren mit den Worten: »Das passt ja!«, »Sind das alles die gleichen Sprüche?«, »Da müssen wir jetzt nicht mehr sprechen – alles klar!«, »Da erübrigt sich jeder Kommentar!«, »Wie die Faust auf Auge!« Bei solchen Reaktionsweisen scheinen Spruch, Problem und Kunde im kooperativen Einverständnis gestanden zu haben. Als Berater können Sie noch ein wenig über den Spruch philosophieren oder Ihr Gegenüber einladen, seine Reaktion zu erklären, es scheint nun kaum mehr notwendig zu sein, über den Bedeutungsgehalt gemeinsam nachzudenken.

Das genaue Gegenteil der beschriebenen Reaktion können Sie auch unmittelbar wahrnehmen: Ihr Gegenüber runzelt die Stirn, schüttelt den Kopf oder schaut Sie ratlos an. Kommentare in diesem Fall könnten sein: »Das passt jetzt gar nicht!«, »Sagt mir nichts!«, »Kann ich nichts mit anfangen!«, »Na, Blödsinn!« Nun müssen Sie entscheiden, ob Sie eine oder mehrere Ideen haben, warum dieser Spruch die Lösung für das formulierte Problem sein könnte oder zumindest einen wichtigen Hinweis auf einen möglichen Lösungsweg darstellt. Es empfiehlt sich nun, über den Spruch als solchen – jenseits der Fragestellungen – zu sprechen. Hierdurch nähern Sie sich den möglichen Bedeutungen des Spruchs.

Zwischen diesen beiden Polen bewegen sich die Reaktionsweisen der Gesprächspartner. Nachdem ein Kooperationspartner einen Spruch gezogen hat, wird man in vielen Sprücheberatungen

ein wenig erwartungsvoll angeschaut – also mit einer Reaktionsweise zwischen den beiden beschriebenen Polen. Wenn Sie den Eindruck haben, dass der Spruch als Lösungsspruch genutzt werden kann, können Sie der Erwartung des Gegenübers mit einigen der folgenden Fragen begegnen – selbstverständlich stellen Sie nicht alle Fragen, denn dann wäre es mit der Ultrakurzberatungsmethode vorbei:
- Wie verstehen Sie diesen Aphorismus?
- Wie würden Sie mit Ihren Worten den Inhalt dieses Aphorismus wiedergeben?
- Wie würden Sie einem Kind/Jugendlichen diesen Aphorismus erklären?
- Was ist Ihnen an diesem Aphorismus verständlich/unverständlich?
- Zu welchen Gedanken regt Sie dieser Aphorismus an?
- Was »tun« Sie mit diesem Aphorismus?
- An was erinnert Sie dieser Aphorismus?
- Inwieweit hat diese Erinnerung für Sie heute noch Bedeutung?
- Welche Werte werden in diesem Aphorismus für Sie thematisiert?
- Was bedeuten Ihnen diese Werte für Ihre Lebensgestaltung?
- Wie versuchen Sie, diese Werte in Ihrem Leben zu realisieren?
- Welches Menschenbild wird für Sie in diesem Aphorismus implizit thematisiert?
- Von welchen Eigenschaften des Menschen ist in diesem Aphorismus die Rede?
- Welche spezifischen Eigenschaften werden in diesem Aphorismus dem Menschen zugeschrieben?
- Welche Wünsche und Bedürfnisse thematisiert der Aphorismus?
- Welche Gefühle werden in diesem Aphorismus direkt oder indirekt angesprochen?

Nachdenken über die Lösungsoptionen des Spruchs
Gemeinsam kann darüber nachgedacht werden, inwieweit der Spruch die Lösung des Problems »ist« oder »die Antwort« auf die gestellte Frage formuliert, zu welchen neuen Perspektiven der Spruch anregt, zu welchen Handlungen er auffordert und zu welchen Denkmöglichkeiten er einlädt. Hierbei darf quergedacht werden. Haben Sie den Eindruck, dass Ihr Gesprächspartner im Spruch keinen

Lösungshinweis wahrnimmt, können Sie mit folgenden Fragen weiterexperimentieren:
- Angenommen, Ihnen würde doch etwas einfallen – was wäre das?
- Angenommen, ein von Ihnen geschätzter Freund hätte Ihnen den Spruch zukommen lassen – nachdem Sie ihn um Rat gefragt haben. Was hätte er mit diesem Hinweis meinen können?
- Stellen Sie sich vor, Sie müssten einen fünfminütigen Vortrag zu diesem Spruch halten – was würden Sie in diesem erzählen?
- Was würden Sie denn jetzt an meiner Stelle fragen oder sagen?
- Angenommen, Sie vergegenwärtigen sich die Person aus Ihrem Freundeskreis, die nie um einen klugen Kommentar verlegen ist – wie würde diese Person die Frage beantworten, warum der Spruch die Lösung des Problems ist?

Hilfreiche Annahmen des Beraters im Kontext der Sprücheberatung

Selbsteinredungen, verbale Selbstsuggestionen können den Prozess der Beratung unterstützen. Die Suggestionen sollen vorrangig Ihnen als Berater hilfreich sein. Da Sie die Suggestionen in Anwesenheit des Gesprächspartners formulieren, können sie auch bei ihm eine Wirkung entfalten: Ich gehe davon aus, dass der gezogene Spruch für das von meinem Gegenüber formulierte Thema oder Problem genau der richtige Spruch ist. Daher ist es nicht notwendig, einen zweiten oder gar dritten Spruch zu ziehen. Sehr bewusst bin ich mir der verschiedenen Möglichkeiten, den Spruch zu interpretieren. Eine allein richtige Auslegung des Spruchs gibt es nicht. Jeder Spruch lebt davon, dass er unterschiedlich interpretierbar ist. Wäre er dies nicht, würde die Sprücheberatung nicht funktionieren. Ich vergegenwärtige mir in der Sprücheberatung den dritten und wesentlichen Beteiligten in der Beratung – den Spruch. Der Spruch entfaltet seine besondere Kraft, sobald der Ratsuchende ihm eine spezifische Bedeutung zuschreibt. Ich gehe davon aus, dass der Gesprächspartner eine Interpretation erwartet, die für die Beantwortung seiner Frage bedeutsam ist. Ich formuliere offen meine mir passend scheinenden Interpretationsangebote.

Natürlich dürfen wir unsere Gesprächspartner als Kunden konzeptualisieren. Dies ist hilfreich für den Erfolg einer Konversation.

Mein Gegenüber als kundig vorauszusetzen trägt zur geglückten Konversation bei. Es schafft eine Stimmung der Kooperation und der gegenseitigen Würdigung und Wertschätzung.

VII Problemlagen, Themen und Fragestellungen im Kontext der Sprücheberatung

Anhand einiger gängiger Themen können Sie Sprücheberatungen üben. Wählen Sie eine Fragestellung, und ziehen Sie nach dem Zufallsprinzip einen Spruch. Jetzt können Sie philosophieren, inwieweit der gezogene Spruch eine Antwort auf die Frage sein könnte. So können Sie sich in Form einer Trockenübung auf eine reale Sprücheberatung vorbereiten. Die Übung dient dazu, Mut zu fassen, den jeweils gezogenen Spruch mit der spezifischen Fragestellung in Verbindung zu bringen, einen Zusammenhang zu konstruieren und ein hilfreiches Gespräch zu führen.

Thema: Beziehung
Mögliche Fragen:
- Was kann ich dazu beitragen, dass ich eine für mich erfüllte Beziehung leben kann?
- Worauf sollte ich in meiner Partnerschaft noch stärker achten?
- Was kann ich tun, um meine Partnerschaft zu erhalten?

Thema: Erziehung
Mögliche Fragen:
- Was sollte ich in der Erziehung meiner Kinder beachten?
- Wie kann ich meinen Kindern noch besser gerecht werden?
- Was kann ich tun, um mit meinen Kindern und mir noch zufriedener zu sein?

Thema: Konsum
Mögliche Fragen:
- Wie entscheide ich, was ich brauche und was ich nicht brauche?
- Wie finde ich zu einem für mich vernünftigen Konsumverhalten?
- Was sollte ich bei meinem Konsum beachten?

Thema: Gesundheit
Mögliche Fragen:
- Was kann ich noch für meine Gesundheit tun?
- Wie gehe ich damit um, dass mich meine Frau immer darauf hinweist, dass ich noch besser für meine Gesundheit sorgen soll?
- Woran merke ich überhaupt, dass ich gesund bin?

Thema: Rauchen
Mögliche Fragen:
- Ich habe schon so oft mit dem Rauchen aufgehört. Soll ich es nun noch einmal probieren?
- Wann ist für mich der richtige Zeitpunkt, mit dem Rauchen aufzuhören?
- Wie bleibe ich langfristig nikotinfrei?

Thema: Alkohol
Mögliche Fragen:
- Mich beschäftigt immer wieder das Thema Alkohol. Wie soll ich damit umgehen?
- Soll ich nüchtern leben? Auch wenn ich keine Lust dazu habe?
- Wie kann ich bezüglich meines Alkoholkonsums ehrlicher mit mir umgehen?

Thema: Urlaub
Mögliche Fragen:
- Was sollte ich bei der Wahl meines Urlaubsortes beachten?
- Wie kann ich dazu beitragen, dass ich mit meiner Partnerin/meinem Partner eine gute Wahl des Urlaubsortes treffe?
- Sollen wir gemeinsam in den Urlaub fahren?

Thema: Ortswechsel
Mögliche Fragen:
- Soll ich wegen dieses Stellenangebots den Ortswechsel wagen?
- Ich habe die Möglichkeit, drei Jahre nach Tokio oder drei Jahre nach Moskau zu gehen. Wie soll ich mich entscheiden?
- Wie gehe ich mit meiner Angst um, dass der Ortswechsel die Beziehung zu meinem Partner/meiner Partnerin beeinträchtigt?

Thema: Arbeit
Mögliche Fragen:
- Wie kann ich mit meiner Arbeit zufriedener werden?
- Wie kann ich besser darauf achten, dass ich mich bei der Arbeit abgrenzen kann?
- Wie kann ich entscheiden, ob ich mir eine andere Arbeit suchen soll?

Thema: Freizeit
Mögliche Fragen:
- Wie kann ich meine Freizeit zufriedenstellender gestalten?
- Was kann ich tun, damit mich meine freien Tage nicht immer überwältigen?
- Was kann ich tun, dass ich meine Freizeit als sinnvoll erlebe?

Thema: Aggression
Mögliche Fragen:
- Wie gehe ich mit meinen immer wieder auftretenden Aggressionen gegen alles und jeden um?
- Wie bekomme ich meine Aggressionen gegenüber meiner Nachbarin in den Griff?
- Wie gehe ich konstruktiv mit meinen Aggressionen um?

Thema: Eifersucht
Mögliche Fragen:
- Wie bekomme ich meine Eifersucht in den Griff?
- Wie kann ich entscheiden, ob meine Eifersuchtsattacken berechtigt sind?
- Welches Maß an Eifersucht ist gesund und normal in einer Beziehung?

Thema: Geld
Mögliche Fragen:
- Wie kann ich mit meinem Geld besser umgehen?
- Wie kann ich mehr Geld verdienen?
- Wie kann ich entscheiden, wie wichtig mir Geld in meinem Leben ist?

Thema: Ordnung
Mögliche Fragen:
- Wie kann ich endlich mehr Ordnung in meiner Wohnung halten?
- Wie bekomme ich Ordnung in meine Finanzen?
- Wie bekomme ich Ordnung in mein Leben?

Thema: Sexualität
Mögliche Fragen:
- Wie kann ich mit meinem Partner/meiner Partnerin meine Sexualität befriedigender leben?
- Was kann ich tun, um meine sexuellen Bedürfnisse ernster zu nehmen?
- Wie kann ich mit meinem Partner/meiner Partnerin offener über meine sexuellen Bedürfnisse sprechen?

Thema: Freunde und soziale Beziehungen
Mögliche Fragen:
- Wie kann ich mehr für meine sozialen Beziehungen tun?
- Wie entscheide ich, welche sozialen Beziehungen mir wichtig sind?
- Welche sozialen Beziehungen sind mir zuträglich, welche nicht?

VIII Methoden für die Arbeit mit Sprüchen in Supervision, Teamentwicklung und Fortbildung

Der Spruch als Ressource

Die Teilnehmer ziehen einen Spruch und kommentieren diesen in der Runde mit folgenden möglichen Satzanfängen:
- Dies ist genau der richtige Spruch für meine momentane Situation, weil ...
- Dies ist genau der richtige Spruch für meine momentane Befindlichkeit, weil ...
- Dieser Spruch wird mich den heutigen Tag gut begleiten, weil ...
- Dieser Spruch erinnert mich daran, dass ich ...

Es empfiehlt sich, dass Sie einen Satzanfang vorgeben. Dies entlastet die Teilnehmer davon, wählen zu müssen, und die Vorgabe lädt ein zur Kreativität.

Der Spruch – als Anregung für ...

Den Teilnehmern werden auf einem Tisch oder an einer Wand alle Sprüche präsentiert. Sie werden eingeladen, den für sie passenden Spruch zu wählen. Dabei können die Teilnehmer gebeten werden, sich an folgenden Aufmerksamkeitsfokussen zu orientieren:
- ein Spruch, der mich unmittelbar anspricht,
- ein Spruch, der mir in meiner momentanen Arbeitssituation Kraft gibt,
- ein Spruch, der mich in meiner momentanen Entwicklungsphase unterstützt,
- ein Spruch, der mir heute, in den nächsten Tagen der Fortbildung eine Unterstützung, eine Ermunterung, eine Kraftquelle sein könnte,
- ein Spruch, der sehr passend ist für meine momentane Befindlichkeit.

Sprüche zur Entwicklung identitätsstiftender Narrative

Die Teilnehmer werden aufgefordert, sich jeweils drei Sprüche zu ziehen. Nun finden sie sich in Dreier-Gruppen zusammen. In ihnen bringen sie nacheinander ihre gezogenen Sprüche in eine Reihenfolge und erzählen sich gegenseitig für sie bedeutsame Geschichten zu den von ihnen gewählten Sprüchen.

Sprüche und Lebensthemen

Zu einigen Themen des Lebens suchen die Teilnehmer sich jeweils einen Spruch – insgesamt darf jeder Teilnehmer vier Sprüche wählen. Eine Auswahl an Themen könnte sein:
- Ehe/Partnerschaft
- Beziehungen zu Freunden
- Familie
- Kinder
- Geld und Finanzen
- Wohnung/Haus
- Arbeit

In Dreier-Gruppen berichten sich die Teilnehmer gegenseitig, wieso der Spruch zu dem Thema gewählt wurde.

Sprüche als Ressource nutzen

Legen Sie pro Teilnehmer zehn Karten auf den Boden, und bitten Sie die Teilnehmer, sich jeweils einen Spruch zu suchen, der sie bei der heutigen Veranstaltung auf für sie angenehme und gute Weise begleiten könnte.

Sie dürfen diese Methode durch unterschiedliche Aufmerksamkeitsfokusse variieren. Sie können die Teilnehmer bitten, einen Spruch zu wählen,
- der sie immer wieder an ihre Kompetenzen und Ressourcen erinnert,
- der ihnen hilft, auch Durststrecken während der gemeinsamen Arbeit durchzustehen,
- der sie ermuntert, immer auch andere Perspektiven auf eine Situation zu entwickeln bzw. zuzulassen,
- der sie daran erinnert, dass es niemals nur eine Möglichkeit des Handelns gibt,

- der sie dazu ermuntert, querzudenken und ungewöhnliche Ideen zuzulassen,
- der sie freudig und gelassen stimmt.

Sprüche zur Thematisierung von Erwartungen, Wünschen und Aufträgen

Sie stellen sich der Gruppe als Supervisor, Teamentwickler, Berater vor. Sie legen das Kartenset aus und wählen nun aus den Aufmerksamkeitsfokussen aus. Bitten Sie die Teilnehmer, Ihnen mit dem jeweils gewählten Spruch einen Hinweis bezüglich der bei Ihnen angefragten Dienstleistung zu geben.

Die Rückmeldungen der Teilnehmer können ritualisiert mit folgendem Satz beginnen: Mit diesem Spruch möchte ich Sie darauf hinweisen,
- dass es mir als Teilnehmerin sehr wichtig ist …
- dass ich von Ihnen als … erwarte …
- dass mir folgendes Klima in der … sehr wichtig ist …
- dass wir im Team häufig mit folgender Schwierigkeit zu kämpfen haben …
- dass in diesem Spruch ein wichtiges Teamthema zum Ausdruck gebracht wird …
- dieser Spruch zu mir passt, weil …

Sprüche, um sich Feedback zu geben

Laden Sie die Teilnehmer ein, sich anhand der Sprüche gegenseitig ein Feedback zu geben. Die Gruppenmitglieder finden sich in Zweier-Gruppen zusammen. Nun darf jeder dem anderen mit Hilfe eines Spruchs ein Feedback geben.

Sprüche im Rahmen der Leitbildentwicklung

Bitten Sie die Teilnehmer, zehn Sprüche aus dem Kartenset zu wählen. Nun werden diese zehn Sprüche kommentiert. Der Spruch und die entsprechenden Kommentare bilden ein erstes Grundgerüst für das Leitbild des Teams bzw. der Organisation.

Sprüche als Überlebensressource
Laden Sie die Teilnehmer ein, sich Aphorismen zu suchen, die sich als nützlich erweisen könnten beim »Überleben« in der Einrichtung.

Sprüche als provokative Zuschreibungen – für andere Menschen Sprüche entwickeln
Wir können Sprüche als Feedback für unsere Kooperationspartner verwenden. Sprüche vermögen so als passgenaue Interventionen zu wirken. Die Spruchentwicklung für einen Kooperationspartner wird als provokative Rückmeldung begriffen. Die formulierten Zuschreibungen sollen verstören und hängen bleiben. Sie sollen »sitzen«, indem sie eine subjektive Fremdwahrnehmung ehrlich und offen formulieren, eine Eigenheit des Gegenübers prägnant benennen und eine Situation auf den Punkt bringen. Hierdurch können die Sprüche als Wegbegleiter wirken. Sie können zum Nachdenken anregen oder zum Widerspruch herausfordern. Am leichtesten lässt sich ein Spruch gemeinsam mit Kollegen entwickeln.

Ein Kollege berichtet fünf Minuten von einem Klienten. Er trifft Aussagen über Beruf, Verdienst, Kinder, Partner, Schwierigkeiten, Aufträge, Gewohnheiten, vom Klienten und anderen Menschen formulierten Problembeschreibungen. Er berichtet das, was ihm als wichtig erscheint. Bei dieser Vorstellung des Klienten wird nicht auf Vollständigkeit Wert gelegt. Im Anschluss an die subjektive Beschreibung formulieren die Kollegen Rollenzuschreibungen, Typisierungen, Berufsbezeichnungen, Filmhelden, Romanfiguren, Märchenfiguren, die sie zur Darstellung assoziieren etc. Hierbei wird nach der Maxime »Quantität vor Qualität« spekuliert.

Der Falleinbringer wählt nun nach Kriterien der subjektiven Plausibilität drei formulierte Zuschreibungen aus. Er entscheidet, welche Deutungen er für seinen Kunden als passend empfindet. Ausgehend von diesen Zuschreibungen werden nun Aphorismen für den Klienten entwickelt.

IX Methoden der Ressourcenorientierten Teamarbeit – angereichert mit Sprüchen

Sprüche und die Methoden der »Ressourcenorientierten Teamarbeit« (Herwig-Lempp, 2012a) von Johannes Herwig-Lempp lassen sich wechselseitig befruchtend kombinieren. Anhand einiger methodischer Klassiker der Ressourcenorientierten Teamarbeit zeige ich, wie die Arbeit mit Sprüchen in ausgewählte Methoden integriert werden kann. Das Konzept lässt sich von folgenden systemischen Aufmerksamkeitsfokussen leiten:
- vom Auftrag der zu beratenden Kollegin,
- von den Ressourcen, Stärken und Fähigkeiten aller Kollegen,
- vom Kontext der kollegialen Beratung,
- von Lösungen und Zukunftsperspektiven,
- von der Erweiterung der Perspektiven,
- von der Vervielfältigung der Handlungsmöglichkeiten,
- von der Eigensinnigkeit und Autonomie der Kollegen,
- von den Haltungen der Wertschätzung und Kooperation (vgl. Herwig-Lempp, 2012a, S. 52).

Alle Methoden lassen sich im Kontext der Kollegialen Beratung, der Supervision, Intervision, Fallreflexion und des Casemanagements anwenden. Anders formuliert: In jedem Kontext, in dem Profis kollegial ihre Arbeit reflektieren, dürfen die Methoden hinzugezogen werden.

Gute Ratschläge

Die Sprüche des Kartensets werden an die Teilnehmer der Kollegialen Beratung/Supervision verteilt, jeder Teilnehmer sollte bis zu fünf Sprüchen in den Händen halten. Ein Kollege berichtet über eine Situation, für die er sich Handlungsimpulse wünscht. Es dürfen zwei bis drei Nachfragen gestellt werden, die vom Auftraggeber kurz beantwortet werden. Die Gesprächsführung der Kollegialen Beratung klärt mit dem Kollegen das Anliegen, gegebenenfalls spezifiziert sie die Zielrichtung der Beratung. Die anderen Kollegen formulieren nun in ritualisierter Form »gute Ratschläge«, indem sie sich von einem der von ihnen gezogenen Sprüche leiten lassen. Sie lesen den Spruch vor, und im Anschluss daran äußern sie den aus dem Spruch abgeleiteten »guten Rat«. Auf Wunsch des Auftraggebers können die Sprüche und die jeweiligen »guten Ratschläge« mitgeschrieben werden. Am Ende bittet die Gesprächsführung den Auftraggeber um das Schlusswort.

Kreuzverhör

Das Kreuzverhör ist eine Methode, mit der ein oder mehrere Kollegen eine Position oder Vorgehensweise auf ihre Stimmigkeit überprüfen können. In einem ersten Schritt berichtet die Person oder die Gruppe über das Vorhaben und die als richtig bewertete Position. Es werden die »guten Gründe« vorgestellt. Handlungsmaximen und das strategische Vorgehen werden konkret beschrieben, so dass bei den Zuhörern ein genaues Bild vom Vorhaben entsteht. Das Auditorium hat den Kollegen zugehört und dabei eventuell erste Schwächen des Vorhabens hypothetisiert. Sich dieser bewusst, wählt es Karten aus, die besonders geeignet erscheinen, um mit ihnen oder eng an sie angekoppelt kritische Fragen zu stellen. Nun beginnt der eigentliche Teil des Kreuzverhörs. Die Kollegen leiten ihre kritischen Fragen oder Anmerkungen z. B. mit dem Satz ein: »Wie Shakespeare sagte: ›Es gibt mehr Ding' im Himmel und auf Erden, als eure Schulweisheit sich träumt.‹ Ausgehend von Shakespeare möchte ich folgende Frage stellen …« Die Fragen werden bewusst scharf und sehr kritisch gestellt, gilt es doch, die ins Kreuzverhör genommenen Kollegen einzuladen, ihre Position zu verteidigen, und dadurch zu prüfen, ob ihre Position »wasserdicht« ist. Die Fragen werden einzeln beantwortet. Die vorstellenden Kollegen können die Einwürfe des Auditoriums ihrerseits mit anderen Interpretationen des ins Feld geführten Spruchs kontern. Im abschließenden Schlusswort formulieren die Auftraggeber zusammenfassend ihre Erkenntnisse.

Ecken und Perspektiven
Der Kollege schildert eine Situation, sie kann ein Thema, eine Arbeitssituation oder eine Fragestellung, die ihm unter den Nägeln brennt, sein. Anschließend nimmt der Ratsuchende eine beobachtende Position im Raum ein und empfängt die Anregungen der Kollegen. Alle Kollegen erhalten nun zwei bis vier Sprüche und begeben sich mit ihnen in die verschiedenen Ecken und Perspektiven. Von dort aus sammeln sie ihre Eindrücke und Wahrnehmungen unter einer doppelten Leitidee: der Leitidee des Aphorismus und der Leitidee des Titels ihrer gewählten Perspektivenecke. Die Kollegen geben aus allen Perspektiven eine Rückmeldung (s. folgende Aufstellung). Zum Abschluss der Methode wird der Falleinbringer um einen Kommentar gebeten.

Ressourcen-Ecke
- Welche Ressourcen hat die Kollegin, haben die Kooperationspartner bisher genutzt?
- Inwiefern ist der Kollege, sind die Kooperationspartner der Kernaussage eines der Sprüche gerecht geworden und haben dadurch ressourcenorientiert gearbeitet?
- Ausgehend von der impliziten Handlungsanweisung des Spruchs könnte der Kollege, die Kooperationspartner auf folgende Weise Ressourcen aktivieren, freilegen, nutzen …
- Welche Ressourcen können dem Kollegen, den Kooperationspartnern zugeschrieben werden?

Sichtweisen-Ecke – Umdeutungen
- Wie kann die vorgestellte Schwierigkeit anders beschrieben werden – wenn der Spruch den Rahmen vorgibt?
- Wofür könnte das beklagte Problem eine Lösung sein?
- Unter der Perspektive des Spruchs treten die positiven Seiten des Problems deutlicher hervor. Diese sind: …
- Würde die im Spruch vorhandene implizite Handlungsanweisung ernst genommen, könnte das Problem in einem neuen Licht erscheinen: …

Muster-Ecke
- Inwiefern können ausgehend vom Aphorismus und unter Berücksichtigung der vorgestellten Schwierigkeit problemstabilisierende Muster des Denkens und Handelns hypothetisiert werden?
- Welche Muster halten die Schwierigkeit aufrecht?
- Welche Musterunterbrechung empfiehlt der Spruch?

Identitäts-Ecke
- Was kann durch den Aphorismus in Kombination mit den geschilderten Schwierigkeiten, Situationen über die Identität des Falleinbringers gesagt werden?

Tipp-Ecke
- Welche Handlungsempfehlung formuliert der Aphorismus hinsichtlich des Problems?
- Zu welchen hilfreichen Gedanken lädt der Spruch in Bezug auf die Schwierigkeit ein?
- Was könnte die Kollegin tun?
- Worauf könnte sie achten?

Fragenhagel

Die Gesprächsführung verteilt unter den Anwesenden Sprüchekarten, jeder Kollege sollte vier Sprüche zur Verfügung haben. Ein Kollege schildert eine Situation, die ihn beschäftigt. Ausgehend vom Spruch und der präsentierten Situation werden dem Kollegen nun Rückmeldungen, Kommentare in Form von Fragen gegeben. Diese können ritualisiert beginnen, beispielsweise: »Ausgehend von dem Spruch«, der Kollege liest den Spruch vor, »könnten Sie sich folgende Frage stellen: ...« Die Anzahl der verteilten Sprüche gibt die Anzahl der Runden und der damit formulierten Fragen vor. Sprüche und daraus abgeleitete Fragen können protokolliert werden. Zum Abschluss kommentiert der fallvorstellende Kollege die Fragen, die er nun bezüglich seiner Situationsschilderung erhalten hat.

Freie Erzählung – strukturierte Beobachtung – aphoristischer Kommentar

Vor der Beratung verteilt der Moderator einige Aufmerksamkeitsfokusse an die Gruppe, Kollegen:
- Hauptgegenstand, Thema der Erzählung
- Systeme und Umwelten
- Schlüsselwörter
- Metaphern
- Lösungen
- Bewertungen der Probleme und Lösungen
- Ressourcen, Kompetenzen und Fähigkeiten
- Selbstbeschreibungen

Die Kollegen schreiben bei der Fallschilderung ihre durch den erhaltenen Aufmerksamkeitsfokus konzentrierten Beobachtungen mit und widmen sich nun den auf dem Boden oder Tisch liegenden Sprüchekarten. Jeder Kollege sucht sich passend zu seiner Beobachtung einen Spruch aus. Dieser Spruch soll die Beobachtung in verdichteter Form wiedergeben. Alternativ können die Kollegen eingeladen werden, ausgehend von ihren Beobachtungen einen Spruch zu formulieren.

Dem Kollegen wird eine Rückmeldung in Form von Sprüchen gegeben.

Hypothesen

Alle Kollegen erhalten vier Sprüchekarten. Der falleinbringende Kollege berichtet von einer Problemsituation, einem Thema, Vorhaben, Projekt etc. Dann wird die Zielrichtung des Hypothetisierens, unter der das Vorhaben beleuchtet werden soll, vereinbart. Hier gibt es verschiedene Möglichkeiten:
- freies Hypothetisieren ohne spezifischen Aufmerksamkeitsfokus,
- Hypothetisieren von guten Gründen des Denkens und Handelns aller Beteiligten,
- Hypothetisieren von alternativen Erklärungen und Bewertungen von Problemlagen und Lösungsoptionen,
- Hypothetisieren von im System vorhandenen Stärken,
- Hypothetisieren von Zielen der Systemmitglieder,
- Hypothetisieren von Positiv- und Negativeffekten.

Jedem Kollegen wird ein Aufmerksamkeitsfokus zugeordnet. Nun wird jeweils zu Beginn des Feedbacks der zugeteilte Spruch von dem Kollegen vorgelesen und die entsprechende Hypothese formuliert. Die Hypothesen können protokolliert werden, und am Ende der Beratung entscheidet der Auftraggeber über die Art der Weiterarbeit oder formuliert das Schlusswort.

Pro und Kontra

Es wird eine ausgewählte Situation geschildert, in der unterschiedliche Handlungsoptionen zur Verfügung stehen. Die gegensätzlichsten Handlungsoptionen werden formuliert. Anschließend werden nach dem Zufallsprinzip zwei Gruppen gebildet, die einander gegenübersitzen. Die Gesprächsführung verteilt die beiden vorhandenen Positionen an Gruppe A und Gruppe B. Beide Gruppen bekommen nun zwanzig Sprüchekarten zugeordnet. Mit den Sprüchekarten werden jetzt die konträren Positionen im Wechsel vertreten.

X Der systemische Methodenkoffer – erweitert mit Sprüchen

Der systemische Methodenkoffer bietet eine Vielzahl von Möglichkeiten im Kontext der Beratung, Sozialen Arbeit, Therapie und Supervision und anderen Arbeitsfeldern (Schwing u. Fryszer, 2006). In diesem Kapitel werden einige klassische Methoden skizziert und aufgezeigt, wie sie mit Sprüchen ergänzt werden könnten. Die Methoden ändern sich nicht. Es kann aber spannend sein, sie hin und wieder mit Sprüchen anzureichern.

Auftragskarussell

Das Auftragskarussell von Haja Molter und Arist von Schlippe (Molter u. von Schlippe, 2012) dient der Reflexion und der Auseinandersetzung mit Aufträgen, denen sich Professionelle in komplexen Arbeitssituationen gegenübersehen. Das Auftragskarussell kann variantenreich gestaltet werden – es kann beispielsweise mit Kärtchen auf dem Boden zur Visualisierung verschiedener Auftraggeber, als Zeichnung auf einem Flipchart oder auch als »sprechendes Karussell« mit Personen eingesetzt und gestaltet werden. Nie handelt es sich hierbei um eine objektive Analyse der Auftragslage. Aufträge, explizite oder von uns hypothetisierte Erwartungen können mit Hilfe dieser Methode reflektiert und gegebenenfalls neu bewertet werden. Ziel des Auftragskarussells ist es, sich Klarheit zu verschaffen über die erlebten und vermuteten Aufträge, sich ihnen gegenüber zu positionieren und sich (wieder) als handlungsfähig zu erleben.

Durchführungsvariante Auftragskarussell mit Aphorismen

Legen Sie ein Kärtchen für sich selbst in die Mitte des Raums/Tisches, oder zeichnen Sie sich mit einem Symbol in die Mitte eines Flipcharts. Es sollte deutlich erkennbar sein, dass Sie das Zentrum des Karussells darstellen. Definieren Sie anschließend alle für Ihren

Arbeitskontext wichtig erscheinenden Auftraggeber. Um Sie als Zentrum werden nun Kärtchen gelegt, die jeweils für die einzelnen Auftraggeber stehen. Formulieren Sie für jeden Auftraggeber einen Aufforderungssatz, der ausdrückt, was Sie als deren wichtigsten Auftrag kennen oder hypothetisieren. Notieren Sie diesen Satz auf einem separaten Blatt, und kennzeichnen Sie jeden Auftrag mit einer Zahl und einem Symbol für »explizit« bzw. »hypothetisiert«. Jetzt ordnen Sie den unterschiedlichen Auftraggebern Sprüche zu. Hierbei wählen Sie die Sprüche aus, von denen Sie denken, dass diese zum Auftraggeber passen. Dadurch wird die Komplexität der visualisierten Auftragssituation um die unterstellten Denkweisen der jeweiligen Auftraggeber erweitert. Anschließend können Sie mit Kollegen das Auftragskarussell anhand der folgenden Fragen reflektieren:

- Wie lassen sich unterstellte Sprüche und Aufträge zusammendenken?
- Welche Aufträge erscheinen Ihnen klar und deutlich? Und wie passen diese zu den unterstellten Aphorismen?
- Welchem Auftrag können wahrscheinlich alle zustimmen? Und welcher Spruch könnte eventuell alle in diesem Arbeitskontext einen?
- Welche Aufträge sind noch nicht ausreichend klar formuliert? Und welcher Spruch könnte mich unterstützen, hier mehr Klarheit zu erlangen?
- Welche Sprüche habe ich mir selbst zugeordnet? Und wie stehen diese in Beziehung zu den Eigenaufträgen, die mir bewusst sind?
- Welche Aufträge können nicht gleichzeitig erfüllt werden? Mit welchem Spruch kann diese Unvereinbarkeit am besten zum Ausdruck gebracht werden?
- In welcher Reihenfolge möchten Sie die Aufträge bearbeiten? Und mit welchem Spruch könnten Sie diese Reihenfolge begründen?
- Wie möchte ich mit der gesamten Auftragslage nun umgehen? Und welcher Spruch könnte Ihnen dabei hilfreich sein?
- Welche drei »Erkenntnisse« nehme ich von der Reflexion der Auftragslage mit? Mit welchen Sprüchen würden Sie Ihre »Erkenntnisse« zusammenfassen?

VIP-Karte

Ziel der VIP-Karte ist die Visualisierung der »Very Important Persons« für eine Einzelperson (Herwig-Lempp, 2012b). Die VIP-Karte bezieht nicht nur die Familie mit ein, sondern auch Freunde, Arbeitskollegen, Mitschüler, Nachbarn etc. Folgendermaßen könnten Sie mit der VIP-Karte arbeiten: Sie teilen ein Blatt in vier Felder (Familie, Freunde, Profis, Schule oder Ausbildung). In der Mitte zeichnen Sie die Hauptperson, die Person, mit der Sie die VIP-Karte erstellen. Hierbei können Sie für die Personen die Symbole aus der Genogrammarbeit verwenden. Nun sollten die für die Hauptperson relevanten Personen in die entsprechenden Felder gezeichnet werden. Gegebenenfalls können die Symbole der Personen, die für die Hauptperson eine große Bedeutung haben, näher an diese visualisiert werden. Mit der VIP-Karte wird ein Überblick über die soziopersonalen Ressourcen aufgezeigt. Wie in der Visualisierung des Auftragskarussells können Sie die VIP-Karte erweitern, indem den einzelnen Menschen auf der VIP-Karte Sprüche zugeordnet werden. Die Hauptperson darf aufgefordert werden, jeweils einer der Personen einen Spruch zuzuweisen. Sie kann zum Beispiel gebeten werden, einen Spruch zu wählen, der ihrer Meinung nach am besten die Art und Weise der Person, zu denken und zu handeln, spiegelt.

Im Anschluss daran kann mit folgenden Fragen an der VIP-Karte weitergearbeitet werden:
- Welcher Spruch von welcher Person stimmt mit meiner Art, die Welt zu sehen, überein?
- Welcher Spruch ist mir weniger sympathisch?

Team- oder Gruppenbrett

Das Team- oder Gruppenbrett ist eine Darstellungsweise, mit der Kolleginnen und Kollegen, die als Team zusammenarbeiten, oder Jugendliche, die in einer Wohngruppe zusammenleben, auf einer begrenzten Fläche Gruppenkonstellationen beschreiben können. Bei der Methode entspricht die Anzahl der Figuren der Anzahl der Gruppenzugehörigen. Die Methode lehnt sich an das von Ludewig entwickelte Familienbrett (Ludewig, 2012) an. Mit ihr können die Teammitglieder selbst eine momentane, eine zukünftige, eine erwünschte oder eine befürchtete Situation visualisieren. Als Figuren dienen Holzklötze, Spielfiguren jeglicher Art, Symbole oder andere Gegenstände (Geldstücke, Kronkorken, Steine etc.). Durch den Abstand und durch die Blickrichtung einzelner Figuren können auf einer begrenzten Fläche die Beziehungen untereinander ins Bild gesetzt werden. Durch das gemeinsame Tun der »Aufsteller« wird ein Gruppenprozess angeregt. Alternativ kann auch ein Teammitglied eingeladen werden, seine Sichtweise auf das Team zu stellen. Andere Teammitglieder sollten dann die Holzklötzchenskulptur kommentieren, Nachfragen stellen oder auch ihre Sichtweisen zum Ausdruck bringen. Die Teammitglieder dürfen anschließend ihre Stellvertreter auf dem Teambrett durch für sie passende Sprüche ergänzen. Durch die Sprüche wird die Skulptur um die Kognitionen, Wertvorstellungen und Haltungen der Teammitglieder erweitert. Hierdurch wird das gemeinsame Nachdenken über die Teamkonstellation ausgebaut.

Genogramm

Ein Genogramm ist die graphische Darstellung einer Familie über mehrere Generationen hinweg. Konstruktivistisch orientierte Berater legen Wert darauf, dass der gezeichnete Familienstammbaum eine rekonstruktive, subjektive Beschreibung eines Beobachters ist und häufig den Rahmen bietet, eine Geschichte, ein Narrativ über die Familiengeschichte zu entwickeln (Kühling, 2012).

Insbesondere unter diesem Blickwinkel ist es plausibel, den einzelnen Familienmitgliedern Sprüche zuzuordnen. Je nach Fragestellung, unter der das Genogramm gezeichnet wird, können den Familienmitgliedern bei verschiedenen Fokussen unterschiedliche Sprüche zugewiesen werden. Genogrammarbeit lässt sich unter verschiedenen Fokussen gestalten.

Unter dem Fokus »Beziehungen« könnten folgende Fragen gestellt werden:
- Wie beschreiben Sie die Beziehungen zwischen den Familienmitgliedern Ihrer Herkunftsfamilie?
- Welche Beziehungen dienen Ihnen als Vorbild?
- Aus welchen Beziehungen schöpfen Sie Kraft?
- Von welcher Beziehungskultur möchten Sie sich emanzipieren?

- Welchen Spruch würden Sie welchem Familienmitglied im Hinblick auf den Fokus »Beziehungen und Beziehungsgestaltung« zuordnen?

Unter dem Fokus »Krankheit« können Fragen gestellt werden wie:
- Wie wird mit Krankheiten innerhalb der Familie umgegangen?
- Welche Bedeutung wird einer Krankheit zugeschrieben?
- Welche Auswirkungen haben diese Bedeutungszuschreibungen?
- Welchen Spruch würden Sie welchem Familienmitglied bezüglich des Umgangs mit Krankheiten zuordnen?

Genogrammarbeit unter dem Fokus »Geld« ist mit folgenden Leitfragen möglich:
- Wie wird Geld verdient?
- Wer bringt wie viel ein?
- Wofür wird mit welchen guten Gründen Geld ausgegeben?
- Wer bestimmt über die Verteilung des Geldes in der Familie?
- Welcher Spruch passt für welches Familienmitglied bezüglich des Umgangs mit Geld?

Im Rahmen einer Genogrammarbeit kann auch die »Liebe« thematisiert werden:
- Wissen Sie noch, wie alles anfing, was für Sie anziehend am anderen war?
- Wer von den Mitgliedern aus den Herkunftsfamilien stimmte der Ehe zu, wer war skeptisch oder ablehnend?
- Was erleben Sie als Liebe?
- Welcher Spruch passt zu welchem Familienmitglied unter dem Thema Liebe?

Mit Jugendlichen kann eine Genogrammarbeit unter dem Fokus »Beruf« hilfreich sein. Leitend können Fragen sein wie:
- Welcher von einem Familienmitglied ausgeübter Beruf fasziniert Sie?
- Welcher entspricht am ehesten Ihren Interessen?

Erfolge auswerten

Viele Menschen – insbesondere in psychosozialen Arbeitsfeldern – fokussieren in ihrem privaten Leben und in ihrem Arbeitsalltag häufig auf Misslingendes, auf Schwierigkeiten und Situationen, in denen sie das Gefühl haben, unangemessen und nicht professionell gehandelt zu haben. Erfolge werden weniger in den Blick genommen als Problemlagen, kritische Entwicklungen. In Alltagsgesprächen und in Gesprächen in professionellen Kontexten sind Problemgeschichten immer wieder dominant. Mit guten Gründen erzählen Profis den Kollegen, dem Vorgesetzten oder auch dem Ehepartner von Schwierigkeiten – um Trost zu erfahren, um die Gesprächspartner zu einer Relativierung einzuladen, um einen Tipp zu bekommen oder auch um Rückendeckung für ein vermeintlich falsches Vorgehen zu erhalten.

Sich gegenseitig über erfolgreiche Vorgehensweisen, Entwicklungen, über die wir uns freuen, zu berichten, scheint oft nicht zur Alltagskultur zu gehören. Die Methode »Erfolge auswerten« (Herwig-Lempp, 2012a, S. 127–136) geht davon aus, dass es gute Gründe gibt, im Kollegenkreis, in der Familie, in Beratungen, Supervisionen und Therapien von Erfolgen zu sprechen und sich zu diesen zielgerichtet zu interviewen.

Der Bericht über einen Erfolg kann das Selbstwertgefühl positiv stimulieren. Vor mir liegenden herausfordernden Situationen fühle ich mich eher gewachsen. Ich traue mir zu, diese zu meistern. Beim Erzählen von Erfolgsgeschichten werde ich mir meiner Kompetenzen und Fähigkeiten deutlicher bewusst. Wird die Methode in einem kollegialen Kontext angewendet, lade ich auch meine Kolleginnen und Kollegen zu einem selbstwertsteigernden Blick ein und stelle ihnen auch meine Ressourcen zur Verfügung, rege sie an und erhöhe die Wahrscheinlichkeit, von meinen Erfahrungen zu profitieren. Die gemeinsame, bewusste Fokussierung auf mein individuelles erfolgreiches Handeln im Gruppenkontext steigert mit hoher Wahrscheinlichkeit auch den Spaß an der gemeinsamen Arbeit.

Auf folgende Weise kann die Methode »Erfolge auswerten« mit Sprüchen angereichert durchgeführt werden:

Fragen nach einem Erfolg oder einer gelungenen Situation in den vergangenen Wochen:

- Wann waren Sie in den letzten Tagen oder Wochen mit sich und Ihrer Leistung zufrieden?
- Welche erfreuliche Situation haben Sie kürzlich erlebt?
- In welcher Situation ist Ihnen etwas gelungen?

Nach diesem ersten Schritt der Methode wählen die Kollegen einen oder zwei Sprüche aus, die aus ihrer Perspektive zu dem von dem Kollegen berichteten Erfolg passen.

Fragen nach dem eigenen Beitrag:
- Wie ist Ihnen das gelungen?
- Worin bestand Ihr Beitrag zu dieser Situation?
- Welche Ihrer Fähigkeiten und Stärken haben Sie dabei eingesetzt?

Nun wählen die Kollegen einen oder mehrere Sprüche aus, die die von dem Kollegen in dieser Situation eingesetzten Kompetenzen zum Ausdruck bringen.

Fragen nach dem Nutzen des Erfolges für die Zukunft:
- Auf welche anderen Situationen könnten Sie Ihre Erfahrungen bei diesem Erfolg übertragen?
- Wie können Sie Ihre hier gezeigten Stärken und Fähigkeiten noch einsetzen?
- Welche Ratschläge oder Tipps würden Sie uns geben, falls wir in eine ähnliche Situation kommen?

Jetzt wählen die Kollegen wieder die passenden Sprüche aus.

Fragen nach der Anerkennung durch Sie und durch andere:
- Wie haben Sie sich dafür belohnt?
- Wenn Sie es nicht jetzt hier im Rahmen der Teamsitzung erzählt hätten – wann und wem hätten Sie davon berichten können, damit Sie dafür anerkannt werden?

Zum Abschluss werden alle bisher ausgewählten Sprüche der Person noch einmal in der Gesamtschau präsentiert. Sie kann sich nun einen Spruch aussuchen, der ihr als Anker dient, den berichteten Erfolg in Erinnerung zu behalten.

Zeitlinie (Timeline)

Im Rahmen der Arbeit mit Zeitlinien können auf einfache Art und Weise unterschiedliche Zeitabschnitte visualisiert werden. Es kann hierdurch für Jugendliche und Erwachsene leichter sein, Schritte in die Zukunft und in die Vergangenheit zu wagen (Schindler, 2014; Fryszer, 2012). Werden Sprüche in die Arbeit mit der Zeitlinie integriert, wird der Kunde aufgefordert, für die jeweilige Position passende Sprüche aus dem Kartenset zu wählen. Da es mitunter länger dauern wird, den jeweils richtigen Spruch zu bestimmen, kann bei Bereitschaft des Kunden hier auch die Vorgehensweise der Sprücheberatung gewählt werden. Der Kunde zieht bei jedem von ihm ausgesuchten Zeitabschnitt einen Spruch. In diesem Fall wird dann gemeinsam über den Spruch und seine Bedeutung für den Zeitabschnitt philosophiert.

Das tatsächliche Gehen entlang der »Zeitlinie« beschränkt die Aktivität der Erforschung unterschiedlicher Zeitdimensionen nicht auf die Vorstellungs- und Gedankenwelt. Die Bewegung, das Gehen entlang des Seils, hat einen unterstützenden Effekt, dem Kunden fällt es leichter, sich die entsprechenden Zeitabschnitte zu vergegenwärtigen. Ihm gelingt es so besser, von einer Zeitebene (Vergangenheit, Gegenwart und Zukunft) in die andere zu schauen.

Im Prinzip kann man sich mit allen Fragestellungen im Rahmen einer Zeitlinienarbeit auseinandersetzen. Jede Schwierigkeit und jedes Ziel vermag unter den Zeitdimensionen bearbeitet zu werden. Bei folgenden Fragestellungen und Anliegen habe ich in der Beratungspraxis gute Erfahrungen mit der Zeitlinienarbeit machen dürfen:

- Wie will ich in Zukunft leben?
- Wohin möchte ich mich entwickeln?
- Worin bestehen meine mittel- und langfristigen Ziele?
- Was habe ich beruflich vor?

Externalisierung

Die Methode der Externalisierung trennt ein Problem, eine Schwierigkeit, eine als Verhaltensauffälligkeit definierte Eigenheit – wie zum Beispiel aggressives Verhalten – von der Person (Ebel, 2012). Die Methode fußt auf der Annahme, dass eine Schwierigkeit nicht die Identität einer Person ausmacht. Im Gespräch zwischen Kunden und Berater wird ein Unterschied zwischen Problem und Person entwickelt. Dies schafft Distanz zum Problem und unterstützt die Idee, dass die Person auf das Problem Einfluss hat. Externalisierung schafft so die Möglichkeit, dem Problem als Verselbstständigtem zu begegnen, eine aktive Auseinandersetzung mit den Symptomatiken im Rahmen der Beratung ist so leichter und kreativer möglich.

Externalisierungen ermöglichen zudem, eine Beziehung zum Problem aufzubauen. Beziehungen sind per se immer von zwei Beziehungspartnern zu gestalten und damit beeinfluss- und steuerbar. Externalisierung kann deshalb hilfreich sein, eine eindimensionale, stigmatisierende Beschreibung abzulegen und sich eine personale Identität als Handelnder anzueignen. Die Methode hebt die mögliche Einflussnahme auf Gefühle, Verhaltensweisen hervor und unterstützt hierdurch auch die Entwicklung der Kontrolle und der Übernahme von Verantwortung.

An im Gespräch formulierten Externalisierungen kann mit unterschiedlichen Medien weitergearbeitet werden: Kasperlefiguren, Handpuppen, Tiere, Playmobilfiguren, selbst gemalte Bilder und eben auch Sprüchekarten. Nachdem der Kunde eingeladen wurde, von seinen Schwierigkeiten zu erzählen, und das Ziel der Beratung umrissen wurde, wird er zum Experiment gebeten.

Mit folgender Frage kann der Prozess der Externalisierung eingeleitet werden:
- Angenommen, die lästige Schwierigkeit, die ungünstige Verhaltensweise wäre ein Tier, eine Fernsehfigur, ein Filmheld, eine Romanfigur, eine Maschine etc. Wer oder was wäre es?

Ist diese Frage beantwortet, können konkretisierende Nachfragen zur Figur gestellt werden:
- Wie heißt die Figur? Wie wird die Wut gerufen?
- Ist sie groß oder klein? Eher dick oder dünn?

- Wie sieht ihr Gesicht aus?
- Wie klingt ihre Stimme?
- Wie bewegt sie sich? Schnell oder langsam?
- Welche Sprüche macht die Figur? Mit welchen Sprüchen ist sie unterwegs?
- Mit welchen Sprüchen können Sie antworten?
- Welche Sprüche helfen Ihnen, mit der Figur umzugehen?

Zum Abschluss der Externalisierung können Sie die Kundin ermuntern, immer einige Sprüche bei sich zu tragen – um gegebenenfalls beim Auftreten der Figur gewappnet zu sein.

Aphorismen über die Brauchbarkeit von Sprüchen

1. Ein Aphorismus ist der letzte Ring einer langen Gedankenkette.
   Marie von Ebner-Eschenbach (13.09.1830–12.03.1916)
2. Ein Aphorismus, rechtschaffen geprägt und ausgegossen, ist damit, dass er abgelesen ist, noch nicht »entziffert«; vielmehr hat nun dessen Auslegung zu beginnen, zu der es einer Kunst der Auslegung bedarf.
   Friedrich Nietzsche (15.10.1844–25.08.1900)
3. Aphorismus: das kleinste mögliche Ganze.
   Robert Musil (06.11.1880–15.04.1942)
4. Ein guter Aphorismus ist die Weisheit eines ganzen Buches in einem einzigen Satz.
   Theodor Fontane (30.12.1819–20.09.1898)
5. Jeder Aphorismus ist das Amen einer Erfahrung.
   Hans Kudszus (07.07.1901–13.04.1977)
6. Im Aphorismus ist der Gedanke nicht zu Hause, sondern auf dem Sprung.
   Helmut Arntzen (10.01.1931–26.11.2014)
7. Der Systematiker führt seine Gedanken aus, der Aphoristiker führt sie heim.
   Klaus von Welser (10.07.1942–01.10.2014)
8. Nur scheinbar kommt der Aphorismus denen entgegen, die keine Zeit haben.
   Jacques Wirion (*28.04.1944)
9. Als ich erkannte, daß man sich den Leuten nicht gut ohne Gebrauchsanweisung verschreiben kann, entschloß ich mich zum Aphorismus.
   Alfred Grünewald (17.03.1884–09.09.1942)
10. Der Aphorismus deckt sich nie mit der Wahrheit; er ist entweder eine halbe Wahrheit oder anderthalb.
    Karl Kraus (28.04.1874–12.06.1936)

Dank

Herzstück des Buches ist die Sprücheberatung. So ähnlich wie Tarotkarten legen, Glückskekse ziehen, Horoskope lesen – so lauten die Kommentare von Menschen in den Kontexten Therapie, Supervision, Fort- und Weiterbildung. Ja, vielleicht ist es so ähnlich. Für mich macht es dennoch einen Unterschied, der einen Unterschied macht. Einer methodischen Vorgehensweise mit ernst gemeinter spielerischer Strenge zu vertrauen, habe ich von meinem Lehrer, Kollegen und Freund Johannes Herwig-Lempp gelernt. Lange bevor sein Konzept der Ressourcenorientierten Teamarbeit publiziert wurde, habe ich es beim Sozialtherapeutischen Verein in Holzgerlingen in einem Team von Familienhelfern kennenlernen dürfen. Die Grundsäulen Struktur, Klarheit, Transparenz, methodische Vielfalt und radikale Unterstellung der Kompetenz aller Beteiligten fördern die Kreativität und regen zum Selberdenken an. Danken möchte ich meiner Exfrau und meinen Kindern. Sie fanden die Idee der Sprücheberatung bedenkenswert, klug und irgendwie cool. Und sie haben sich als Erste auf diese Form der Beratung eingelassen. Viele Menschen, die bereit waren, mit den Sprüchen in Beratungen, Supervisionen und Weiterbildungen zu experimentieren, haben mich ermuntert, diese Methode einer breiteren Öffentlichkeit vorzustellen. Ein ganz besonderer Dank gilt den Menschen auf Marktplätzen, in Zügen und in diversen gastronomischen Einrichtungen, die meine Sprücheberatung genutzt haben. Sie boten mir die Möglichkeit, mich in der Arbeit mit den Sprüchen zu professionalisieren. Ich danke meiner Schwester für ihre Korrekturarbeiten, meiner Schwiegermutter und meinem Schwager für ihre Hinweise und Anregungen, Günter Presting und Sandra Englisch für ermunternden Zuspruch zu Beginn der Schreibarbeiten. Die kompetente engagierte Unterstützung von Imke Heuer vom Verlag hat maßgeblich zur Fertigstellung des Buchs beigetragen. Auch dafür sage ich an dieser Stelle Danke. Gerne können Sie mich Ihre Erfahrungen in der Arbeit mit den Sprüchen wissen lassen.

Ludger Kühling
info@systemisches-institut-tuebingen.de

Literatur

Bach, H.-D. (2004). Erkenne die Zeichen deines Körpers: das große Buch der Selbsthilfe (4. Aufl.). Tutzing/Starnberger See: BIO-Ritter-Verlag.

Duden (1989). Deutsches Universalwörterbuch (2. Aufl.) Mannheim u. a.: Dudenverlag.

Ebel, P. (2012). Externalisierung. In J. V. Wirth, H. Kleve (Hrsg.), Lexikon des systemischen Arbeitens. Grundbegriffe der systemischen Praxis, Methodik und Theorie (S. 102–104). Heidelberg: Carl-Auer-Systeme.

Foerster, H. von (1993). Wissen und Gewissen. Versuch einer Brücke. Hrsg. v. S. J. Schmidt. Frankfurt a. M.: Suhrkamp.

Foerster, H. von, Pörksen, B. (1998). »Wahrheit ist die Erfindung eines Lügners«: Gespräche für Skeptiker. Heidelberg: Carl-Auer-Systeme.

Fryszer, A. (2012). Zeitstrahl. In J. V. Wirth, H. Kleve (Hrsg.), Lexikon des systemischen Arbeitens. Grundbegriffe der systemischen Praxis, Methodik und Theorie (S. 462–465). Heidelberg: Carl-Auer-Systeme.

Hargens, J. (2004). Aller Anfang ist ein Anfang. Gestaltungsmöglichkeiten hilfreicher systemischer Gespräche. Göttingen: Vandenhoeck & Ruprecht.

Hargens, J. (1993). KundIn, KundigE, KundschafterIn. Gedanken zur Grundlegung eines »helfenden« Zugangs. Zeitschrift für Systemische Therapie und Beratung, 11 (1), 14–20.

Herwig-Lempp, J. (2006). Hilfen zur Erziehung als Aushandlungsprozess. Jugendhilfe, 44 (1), 18–30.

Herwig-Lempp, J. (2012a). Ressourcenorientierte Teamarbeit – Systemische Praxis der Kollegialen Beratung (3., durchges. Aufl.). Göttingen: Vandenhoeck & Ruprecht.

Herwig-Lempp, J. (2012b). VIP-Karte. In J. V. Wirth, H. Kleve (Hrsg.), Lexikon des systemischen Arbeitens. Grundbegriffe der systemischen Praxis, Methodik und Theorie (S. 451–454). Heidelberg: Carl-Auer-Systeme.

Kaluza, G. (2014). Gelassen und sicher im Stress. Das Stresskompetenz-Buch: Stress erkennen, verstehen, bewältigen (5. Aufl.). Berlin u. Heidelberg: Springer Medizin.

Kant, I. (1781/1990). Kritik der reinen Vernunft (3. Aufl.). Hamburg: Meiner.

Kant, I. (1784). Beantwortung der Frage: Was ist Aufklärung? Berlinische Monatsschrift, 4, 481–494.

Kant, I. (1785/1977). Grundlegung zur Metaphysik der Sitten. In I. Kant, Werke in zwölf Bänden. Band 8. Die Metaphysik der Sitten (S. 33–74). Frankfurt a. M.: Suhrkamp.

Kant, I. (1787/1977). Vorrede zur zweiten Auflage. In I. Kant, Werke in zwölf Bänden. Band 3. Kritik der reinen Vernunft (S. 20–42). Frankfurt a. M.: Suhrkamp.

Kant, I. (1788/2003). Kritik der praktischen Vernunft. Hrsg. v. H. D. Brandt u. H. F. Klemme. Hamburg: Meiner.

Kronbichler, R. (2014). Narrative Therapie. In T. Levold, M. Wirsching (Hrsg.), Systemische Therapie und Beratung – das große Lehrbuch (S. 72–75). Heidelberg: Carl-Auer-Systeme.

Kühling, L. (2012). Genogramm. In J. V. Wirth, H. Kleve (Hrsg.), Lexikon des systemischen Arbeitens. Grundbegriffe der systemischen Praxis, Methodik und Theorie (S. 132–135). Heidelberg: Carl-Auer-Systeme.

Ludewig, K. (2012). Familienbrett. In J. V. Wirth, H. Kleve (Hrsg.), Lexikon des systemischen Arbeitens. Grundbegriffe der systemischen Praxis, Methodik und Theorie (S. 107–110). Heidelberg: Carl-Auer-Systeme.

Mazzini, S. (2012). Kältestrom – Wärmestrom. In B. Dietschy, D. Zeilinger, R. Zimmermann (Hrsg.), Bloch-Wörterbuch: Leitbegriffe der Philosophie Ernst Blochs (S. 224–231). Berlin u. Boston: de Gruyter.

Molter, H., Schlippe, A. von (2012). Auftragskarussell. In J. V. Wirth, H. Kleve (Hrsg.), Lexikon des systemischen Arbeitens. Grundbegriffe der systemischen Praxis, Methodik und Theorie (S. 39–43). Heidelberg: Carl-Auer-Systeme.

Nietzsche, F. (1955). Zur Genealogie der Moral. In K. Schlechta (Hrsg.), Friedrich Nietzsche. Werke in drei Bänden. Zweiter Band. München: Carl Hanser Verlag.

Roth, G. (1994). Aus Sicht des Gehirns. Frankfurt a. M.: Suhrkamp.

Schindler, H. (2014). Die Arbeit mit der Zeitlinie (Timeline). In T. Levold, M. Wirsching (Hrsg.), Systemische Therapie und Beratung – das große Lehrbuch (S. 246–250). Heidelberg: Carl-Auer-Systeme.

Schmidt, G. (2005). Einführung in die hypnosystemische Therapie und Beratung. Heidelberg: Carl-Auer-Systeme.

Schwing, R. (2012). Neutralität. In J. V. Wirth, H. Kleve (Hrsg.), Lexikon des systemischen Arbeitens. Grundbegriffe der systemischen Praxis, Methodik und Theorie (S. 287–290). Heidelberg: Carl-Auer-Systeme.

Schwing, R., Fryszer, A. (2006). Systemisches Handwerk. Werkzeug für die Praxis. Göttingen: Vandenhoeck & Ruprecht.

Spencer-Brown, G. (1969/1997). Laws of Form – Gesetze der Form. Lübeck: Bohmeier.

Spicker, F. (1999). Aphorismen der Weltliteratur. Stuttgart: Philipp Reclam jun.

Stelzig, M. (2009). Was die Seele glücklich macht: das Einmaleins der Psychosomatik (2. Aufl.). Salzburg: Ecowin.

Stierlin, H. (1989). Individuation und Familie. Studien zur Theorie und therapeutischen Praxis. Frankfurt a. M.: Suhrkamp.

Stölzel, Th. (2009). 29 Annahmen zur Philosophischen Praxis. In Th. Gutknecht,

Th. Polednitschek, Th. Stölzel (Hrsg.), Philosophische Lehrjahre. Beiträge zum kritischen Selbstverständnis Philosophischer Praxis (S. 85–112). Münster: LIT.

Stölzel, Th. (1998). Rohe und polierte Gedanken. Studien zur Wirkungsweise aphoristischer Texte. Freiburg: Rombach.

Quellenverzeichnis der Sprüche

Abraham a Santa Clara (1867). Mit Geduld und Zeit kommt man weit. In K. F. W. Wander (Hrsg.), Deutsches Sprichwörter-Lexikon. Ein Hausschatz für das deutsche Volk. Band 1 (Geduld, 153). Leipzig: Brockhaus. S. 1407.

Arntzen, H. (1966). Im Aphorismus ist der Gedanke nicht zu Hause, sondern auf dem Sprung. In H. Arntzen, Kurzer Prozeß. Aphorismen und Fabeln. München: Nymphenburger. S. 7.

Bahr, H. (1997). Ein Genie ist ein Mensch, dem etwas Selbstverständliches zum ersten Mal einfällt. In Harenberg, Lexikon der Sprichwörter & Zitate: mit 50000 Einträgen das umfassendste Werk in deutscher Sprache. Dortmund: Harenberg. S. 434.

Britten, B. (1997). Lernen ist wie Rudern gegen den Strom. Sobald man aufhört, treibt man zurück. In Harenberg, Lexikon der Sprichwörter & Zitate: mit 50000 Einträgen das umfassendste Werk in deutscher Sprache. Dortmund: Harenberg. S. 1024.

Cicero, M. T. (2009). Oft ist der Mensch selbst sein größter Feind. In S. Knischek (Hrsg.), Lebensweisheiten berühmter Philosophen: 4.000 Zitate von Aristoteles bis Wittgenstein (8. Aufl.). Hannover: Humboldt. S. 21.

Descartes, R. (1997). Zweifel ist der Weisheit Anfang. In Harenberg, Lexikon der Sprichwörter & Zitate: mit 50000 Einträgen das umfassendste Werk in deutscher Sprache. Dortmund: Harenberg. S. 1445.

Dickens, Ch. (1997). Gibt es schließlich eine bessere Form, mit dem Leben fertig zu werden, als mit Liebe und Humor? In Harenberg, Lexikon der Sprichwörter & Zitate: mit 50000 Einträgen das umfassendste Werk in deutscher Sprache. Dortmund: Harenberg. S. 728.

Dürrenmatt, F. (1962/1998). Je planmäßiger der Mensch vorgeht, umso wirkungsvoller trifft ihn der Zufall. In F. Dürrenmatt, Die Physiker: eine Komödie in zwei Akten, Werkausgabe, Band 7, (21 Punkte zu den Physikern, Punkt 8). Zürich: Diogenes. S. 91.

Ebner-Eschenbach, M. von (1893). Ein Aphorismus ist der letzte Ring einer langen Gedankenkette. In Gesammelte Schriften von Marie von Ebner-Eschenbach. Erster Band. Aphorismen. Parabeln, Märchen und Gedichte (Viertes Hundert, 48, eröffnet die Sammlung). Berlin: Gebrüder Paetel.

Ebner-Eschenbach, M. von (1893). Niemand ist so beflissen, immer neue Eindrücke zu sammeln, als Derjenige, der die alten nicht zu verarbeiten versteht. In Gesammelte Schriften von Marie von Ebner-Eschenbach. Erster

Band. Aphorismen. Parabeln, Märchen und Gedichte (Viertes Hundert, 48). Berlin: Gebrüder Paetel.

Faulkner, W. (2000). Intelligenz ist die Fähigkeit, seine Umgebung zu akzeptieren. In H. Simon (Hrsg.), Geistreiches für Manager. Frankfurt a. M. u. New York: Campus. S. 43.

Fock, G. (1997). Du kannst dein Leben nicht verlängern, noch verbreitern, nur vertiefen. In Harenberg, Lexikon der Sprichwörter & Zitate: mit 50000 Einträgen das umfassendste Werk in deutscher Sprache. Dortmund: Harenberg. S. 726.

Fontane, Th. (2002). Ein guter Aphorismus ist die Weisheit eines ganzen Buches in einem einzigen Satz. In W. Mieder (Hrsg.), »In der Kürze liegt die Würze«: Sprichwörtliches und Spruchhaftes als Basis für Aphoristisches. Burlington, Vt.: Univ. of Vermont. S. 65.

Ford, H. (1923/1997). Um Erfolg zu haben, musst du den Standpunkt des anderen einnehmen und die Dinge mit seinen Augen betrachten. (Mein Leben und Werk). In Harenberg, Lexikon der Sprichwörter & Zitate: mit 50000 Einträgen das umfassendste Werk in deutscher Sprache. Dortmund: Harenberg. S. 272.

France, A. (1997). Es liegt in der Natur des Menschen, vernünftig zu denken und unvernünftig zu handeln. In Harenberg, Lexikon der Sprichwörter & Zitate: mit 50000 Einträgen das umfassendste Werk in deutscher Sprache. Dortmund: Harenberg. S. 851.

Franklin, B. (1732–58/1904). The discontented man finds no easy chair. In B. Franklin, Autobiography: Poor Richard. Letters: With a Critical and Biographical Introduction and Notes by Ainsworth R. Spofford. New York: D. Appleton. p. 214.

Frisch, M. (1997). Krise ist ein produktiver Zustand. Man muss ihr nur den Beigeschmack der Katastrophe nehmen. In Harenberg, Lexikon der Sprichwörter & Zitate: mit 50000 Einträgen das umfassendste Werk in deutscher Sprache. Dortmund: Harenberg. S. 681.

Goethe, J. W. von (1771/1986). Niemand weiß, wie weit seine Kräfte gehen, bis er sie versucht hat. In J. W. von Goethe, Die Leiden des jungen Werther (Brief vom 1. Juli). Stuttgart: Reclam. S. 37.

Goethe, J. W. von (1807/1978). Es ist nicht genug zu wissen, man muß auch anwenden; es ist nicht genug zu wollen, man muß auch tun. In S. Seidel (Hrsg.), Johann Wolfgang von Goethe: Berliner Ausgabe. Kunsttheoretische Schriften und Übersetzungen [Band 17–22], Band 18 (Maximen und Reflexionen, Aus »Wilhelm Meisters Wanderjahren«, Aus Makariens Archiv). Berlin: Aufbau. S. 585.

Goethe, J. W. von (1826/1978). Die Irrtümer des Menschen machen ihn eigentlich liebenswürdig. In S. Seidel (Hrsg.), Johann Wolfgang von Goethe: Berliner Ausgabe. Kunsttheoretische Schriften und Übersetzungen [Band 17–22], Band 18 (Maximen und Reflexionen, Aus »Kunst und Altertum«). Berlin: Aufbau. S. 516.

Goethe, J. W. von (1827/1961) Was soll ich viel lieben, was soll ich viel hassen: Man lebt nur vom Leben lassen. In S. Seidel (Hrsg.), Johann Wolfgang von

Goethe: Berliner Ausgabe. Poetische Werke. Band 1 (Gedichte. Ausgabe letzter Hand, Sprichwörtlich.). Berlin: Aufbau. S. 457.

Grillparzer, F. (1961). Und leben ist ja doch des Lebens höchstes Ziel! In F. Grillparzer, Sämtliche Werke, Ausgewählte Briefe, Gespräche, Berichte (Sappho, I, 3), Band 2, Hrsg. v. Peter Frank u. Karl Pörnbacher. München: Hanser. S. 725.

Grünewald, A. (1966). Als ich erkannte, daß man sich den Leuten nicht gut ohne Gebrauchsanweisung verschreiben kann, entschloß ich mich zum Aphorismus. In A. Grünewald, Ergebnisse: Aphorismen. Hürth: Ed. Memoria. S. 38.

Hölderlin, F. (1997). Wir sind nichts; was wir suchen, ist alles. In Harenberg, Lexikon der Sprichwörter & Zitate: mit 50000 Einträgen das umfassendste Werk in deutscher Sprache. Dortmund: Harenberg. S. 1164.

Horaz (20–13 v. Chr./2015). Dimidium facti, qui coepit habet. In Quintus Horatius Flaccus, Epistulae (Liber Primus, 1, 2, 40). Zugriff am 09.03.2015 unter http://la.wikisource.org/wiki/Epistulae_(Horatius)_-_Liber_I#Epistula_II

Hugo, V. (2003). Die Zukunft hat viele Namen: Für Schwache ist sie das Unerreichbare, für die Furchtsamen das Unbekannte, für die Mutigen die Chance. In F. Endres, Maximen der Lebenskunst. Schätze für mein Glück. Norderstedt: BoD. S. 108.

Humboldt, W. von (1825/1921). Gewiß ist es fast noch wichtiger, wie der Mensch das Schicksal nimmt, als wie sein Schicksal ist. In W. v. Humboldt, Briefe an eine Freundin (6. September 1825), hrsg. v. Dr. Huhnhäuser. Berlin: Wegweiser-Verlag. S. 179.

Huxley, A. (1997). Den Fortschritt verdanken die Menschen den Unzufriedenen. In Harenberg, Lexikon der Sprichwörter & Zitate: mit 50000 Einträgen das umfassendste Werk in deutscher Sprache. Dortmund: Harenberg. S. 325.

Jean Paul (1806/1996). Stille Unterordnung unter Willkür schwächt, stille Unterordnung unter Notwendigkeit stärkt. In Jean Paul, Sämtliche Werke, Abteilung I Band 5 (Levana oder Erziehlehre, VI, 2, § 108). Frankfurt a. M.: Zweitausendeins.

Jean Paul (1997). Der Furchtsame erschrickt vor der Gefahr, der Feige in ihr, der Mutige nach ihr. In Harenberg, Lexikon der Sprichwörter & Zitate: mit 50000 Einträgen das umfassendste Werk in deutscher Sprache. Dortmund: Harenberg. S. 380.

Kant, I. (1790/1977). Voltaire sagte, der Himmel habe uns zum Gegengewicht gegen die vielen Mühseligkeiten des Lebens zwei Dinge gegeben: die Hoffnung und den Schlaf. Er hätte noch das Lachen dazu rechnen können. In I. Kant, Werkausgabe, Band 10, Kritik der Urteilskraft, (Erster Teil, Zweites Buch, § 54), hrsg. v. W. Weischedel. Frankfurt a. M.: Suhrkamp. S. 275.

Kraus, K. (1909). Der Aphorismus deckt sich nie mit der Wahrheit; er ist entweder eine halbe Wahrheit oder anderthalb. In K. Kraus, Sprüche und Widersprüche. München: Albert Langen Verlag für Literatur und Kunst. S. 235.

Kudszus, H. (1970). Jeder Aphorismus ist das Amen einer Erfahrung. In H. Kudszus, Jaworte, Neinworte. Aphorismen. Frankfurt a. M.: Suhrkamp.

Lamartine, A. de (1830). Tu fais l'homme, ô Douleur! oui, l'homme tout entire

[…]. In A. de Lamartine, Harmonies poétiques et religieuses (Livre deuxième, VII Hymne à la douleur). Zugriff am 12.03.2015 unter http://fr.wikisource.org/wiki/Hymne_%C3%A0_la_douleur

Lamartine, A. de (1847/1997). Die Utopien sind oft nur vorzeitige Wahrheiten. (Geschichte der Girondisten). In Harenberg, Lexikon der Sprichwörter & Zitate: mit 50000 Einträgen das umfassendste Werk in deutscher Sprache. Dortmund: Harenberg. S. 1265.

La Rochefoucauld, F. de (1664/1881). On donne des conseils mais on n'inspire point de conduit (CCCLXXVIII, 378). In Les Maximes de La Rochefoucauld, publiées par J. F. Thénard. Paris: Librarie des Bibliophiles. p. 120.

La Rochefoucauld, F. de (1997). Es ist schwerer, Gefühle zu verbergen, die man hat, als die zu heucheln, die man nicht hat. (Nachgelassene Maximen). In Harenberg, Lexikon der Sprichwörter & Zitate: mit 50000 Einträgen das umfassendste Werk in deutscher Sprache. Dortmund: Harenberg. S. 403.

Lehmann, Ch. (1662/1997). Wer zu viel zweifelt, der verzweifelt. (Florilegium Politicum, Politischer Blumengarten). In Harenberg, Lexikon der Sprichwörter & Zitate: mit 50000 Einträgen das umfassendste Werk in deutscher Sprache. Dortmund: Harenberg. S. 1445.

Lichtenberg, G. Ch. (1779–1783/1991). Es ist wahr, alle Menschen schieben auf, und bereuen den Aufschub. (G 78). In G. Ch. Lichtenberg, Aphorismen Schriften Briefe, Aphorismen (Sudelbücher), hrsg. v. W. Promies in Zusammenarbeit mit B. Promies. München: Hanser.

Lichtenberg, G. Ch. (1789–1793/1983). Dinge zu bezweifeln, die ganz ohne weitere Untersuchung jetzt geglaubt werden, das ist die Hauptsache überall. (J 1231). In G. Ch. Lichtenberg, Sudelbücher, hrsg. v. F. H. Mautner. Frankfurt a. M.: Insel.

Lichtenberg, G. Ch. (1796–1799/1983). Bei den meisten Menschen gründet sich der Unglaube in einer Sache auf blinden Glauben in einer andern. (L 670). In G. Ch. Lichtenberg, Sudelbücher, hrsg. v. F. H. Mautner. Frankfurt a. M.: Insel.

Lichtenberg, G. Ch. (2015). Was jedermann für ausgemacht hält, verdient am meisten untersucht zu werden. (KA 295). In G. Ch. Lichtenberg, Sudelbücher. Zugriff am 12.03.2015 unter http://de.wikiquote.org/wiki/Georg_Christoph_Lichtenberg

Lynd, R. (1920). It is easier to believe a lie that one has heard a thousand times than to believe a fact that one has never heard before. In R. Lynd, The Passion of Labour. London: G. Bell and Sons. p. 67.

Malraux, A. (1997). Wer in der Zukunft lesen will, muss in der Vergangenheit blättern. In Harenberg, Lexikon der Sprichwörter & Zitate: mit 50000 Einträgen das umfassendste Werk in deutscher Sprache. Dortmund: Harenberg. S. 1439.

Menander (1997). Gibst du auf die kleinen Dinge nicht Acht, wirst du Größeres verlieren. (Sentenzen in Monostichen). In Harenberg, Lexikon der Sprichwörter & Zitate: mit 50000 Einträgen das umfassendste Werk in deutscher Sprache. Dortmund: Harenberg. S. 651.

Molière (1997). Wir sind nicht nur verantwortlich für das, was wir tun, sondern auch für das, was wir nicht tun. In E. Puntsch (Hrsg.), Das große Handbuch der Zitate: das ultimative Nachschlagewerk für Schule, Beruf und Familie. Berlin: Signa. S. 427.

Morgenstern, Ch. (1979). Nur wer den Menschen liebt, wird ihn verstehen. Wer ihn verachtet, ihn nicht einmal sehen. In Ch. Morgenstern, Jubiläumsausgabe in vier Bänden, Bd. 3. Aphorismen, Sprüche und andere Aufzeichnungen. München u. Zürich: Piper. S. 232.

Musil, R. (1981). Aphorismus: das kleinste mögliche Ganze. In R. Musil, Gesammelte Werke, Band 7. Kleine Prosa, Aphorismen, Autobiographisches (2., verb. Aufl.). Reinbek: Rowohlt. S. 863.

Nietzsche, F. (1887/1892). Ein Aphorismus, rechtschaffen geprägt und ausgegossen, ist damit, dass er abgelesen ist, noch nicht »entziffert«; vielmehr hat nun dessen Auslegung zu beginnen, zu der es einer Kunst der Auslegung bedarf. In F. Nietzsche, Zur Genealogie der Moral. Eine Streitschrift (2. Aufl.). Leipzig: C. G. Naumann. S. XIV.

Ovid (12–17 n. Chr./1993). Auch wenn die Kräfte fehlen, ist doch der gute Wille zu loben. In Publius Ovidius Naso, Briefe aus der Verbannung. Tristia – Epistulae ex ponto (III, Brief IV, an Rufinus). Übersetzt von W. Willige. Eingeleitet und erläutert von N. Holzberg. Frankfurt a. M.: Fischer. S. 79.

Ovid (1997). Alles wandelt sich, nichts vergeht. In Harenberg, Lexikon der Sprichwörter & Zitate: mit 50000 Einträgen das umfassendste Werk in deutscher Sprache. Dortmund: Harenberg. S. 1281.

Pascal, B. (1669/1997). Das Herz hat seine Vernunft, die der Verstand nicht kennt. (Pensées IV). In Harenberg, Lexikon der Sprichwörter & Zitate: mit 50000 Einträgen das umfassendste Werk in deutscher Sprache. Dortmund: Harenberg. S. 570.

Pfleghar, M. (1997). Wer seine Träume verwirklichen will, muss wach sein. In Harenberg, Lexikon der Sprichwörter & Zitate: mit 50000 Einträgen das umfassendste Werk in deutscher Sprache. Dortmund: Harenberg. S. 1209.

Picasso, P. (1997). Wenn es nur eine einzige Wahrheit gäbe, könnte man nicht hundert Bilder über dasselbe Thema malen. In Harenberg, Lexikon der Sprichwörter & Zitate: mit 50000 Einträgen das umfassendste Werk in deutscher Sprache. Dortmund: Harenberg. S. 1341.

Protagoras (1997). Der Mensch ist das Maß aller Dinge. (Über die Wahrheit oder Niederringende Reden, Vorwort). In Harenberg, Lexikon der Sprichwörter & Zitate: mit 50000 Einträgen das umfassendste Werk in deutscher Sprache. Dortmund: Harenberg. S. 846.

Raabe, W. (1863/1964). Sieh nach den Sternen! Gib acht auf die Gassen! In W. Raabe, Ausgewählte Werke in sechs Bänden. Band 2, Die Leute aus dem Walde (13. Kapitel). Berlin u. Weimar: Aufbau. S. 479.

Rilke, R. M. (1908/1955). Wer spricht von Siegen? Überstehen ist alles. In R. M. Rilke, Sämtliche Werke, Band 1, Gedichte (Requiem, Für Wolf Graf von Kalckreuth, S. 656–664), hrsg. v. Rilke-Archiv in Verbindung mit R. Sieber-Rilke, besorgt von E. Zinn. Wiesbaden u. Frankfurt a. M.: Insel. S. 664.

Schiller, F. (1800/1960). Was man nicht aufgibt, hat man nie verloren. In F. Schiller, Sämtliche Werke, Band 2, Dramen (2., durchges. Aufl.). Maria Stuart (II, 5), hrsg. v. P.-A. Alt u. G. Fricke. München: Hanser. S. 601.

Schopenhauer, A. (1851/1862). Bei gleicher Umgebung lebt doch jeder in einer anderen Welt. In A. Schopenhauer, Parerga und Paralipomena. Kleine Philosophische Schriften. Band 1 (Aphorismen zur Lebensweisheit), Zweite und beträchtlich vermehrte Auflage, aus dem handschriftlichen Nachlasse des Verfassers, hrsg. v. J. Frauenstädt. Berlin: Hahn. S. 334.

Schopenhauer, A. (1851/1862). Das Schicksal mischt die Karten, wir spielen. In A. Schopenhauer, Parerga und Paralipomena. Kleine Philosophische Schriften. Band 1 (Aphorismen zur Lebensweisheit), Zweite und beträchtlich vermehrte Auflage, aus dem handschriftlichen Nachlasse des Verfassers, hrsg. v. J. Frauenstädt. Berlin: Hahn. S. 499.

Schopenhauer, A. (1851/1974). Der Tor läuft den Genüssen des Lebens nach und sieht sich betrogen: der Weise vermeidet die Übel. In A. Schopenhauer, Aphorismen zur Lebensweisheit (V, 1), hrsg. v. R. Marx. Stuttgart: Kröner. S. 134.

Seume, J. G. (1811/1962). Wer die anderen neben sich klein macht, ist nie groß. In J. G. Seume, Prosaschriften. Mit einer Einleitung von W. Kraft (Apokryphen, S. 1259–1397). Köln: Melzer. S. 1296.

Shakespeare, W. (1621/1995). Ein jedes Ding hat seine Zeit. In W. Shakespeare, Die Irrungen, oder die doppelten Zwillinge (I, 4). Übersetzt von Ch. M. Wieland. Zürich: Haffmans. S. 5.

Shakespeare, W. (1603/1990). Es gibt mehr Ding' im Himmel und auf Erden, als eure Schulweisheit sich träumt. In W. Shakespeare, Hamlet: Prinz von Dänemark (I, 5). Übersetzt von A. W. Schlegel. Stuttgart: Reclam. S. 29.

Shaw, G. B. (2004). Der Nachteil der Intelligenz besteht darin, dass man ununterbrochen gezwungen ist, dazuzulernen. In Duden, das überzeugende Zitat: die 1000 bedeutendsten Zitate zu den wichtigsten Themen des Alltags. Redaktionelle Bearbeitung D. Blech-Straub. Mannheim u. a.: Dudenverlag. S. 114.

Shaw, G. B. (1903). Liberty means responsibility. That is why most men dread it. In G. B. Shaw, Maxims for Revolutionists (Liberty and Equality). Zugriff am 12.03.2015 unter http://www.panarchy.org/shaw/maxims.1903.html

Somerset Maugham, W. (1997). Aufrichtigkeit ist wahrscheinlich die verwegenste Form der Tapferkeit. In Harenberg, Lexikon der Sprichwörter & Zitate: mit 50000 Einträgen das umfassendste Werk in deutscher Sprache. Dortmund: Harenberg. S. 1175.

Spinoza, B. de (1670/1841). […] weil jeder so viel Recht hat, als er Macht hat. In B. v. Spinoza's sämtliche Werke mit dem Leben Spinoza's. Übersetzt aus dem Lateinischen von B. Auerbach. (Abhandlung über Politik II, 2). Stuttgart: I. Scheible's Buchhandlung. S. 18.

Swift, J. (1701). Very few men, properly speaking, live at present, but are providing to live another time. In J. Swift, The Works of the Rev. Jonathan Swift, Volume 5 (Thoughts on Various Subjects, pp. 453–465). Edited by T. Sheridan, J. Nichols, J. Boyle, P. Delany, J. Hawkesworth, D. Swift, W. Bowyer, J. Birch and G. Faulkner.

p. 465. Zugriff am 13.03.15 unter http://en.wikisource.org/wiki/The_Works_of_the_Rev._Jonathan_Swift/Volume_5/Thoughts_on_Various_Subjects

Terenz (1997). Man muss das Eisen schmieden, solange es heiß ist. In Harenberg, Lexikon der Sprichwörter & Zitate: mit 50000 Einträgen das umfassendste Werk in deutscher Sprache. Dortmund: Harenberg. S. 244.

Thoreau, H. D. (1854/1905). Ein Mensch ist umso reicher, je mehr Dinge er unbeschadet am Wege liegen lassen kann. In H. D. Thoreau, Walden oder Leben in den Wäldern. Übersetzt von W. Robbe. (Wo ich lebte und wofür ich lebte). Jena u. Leipzig: Eugen Diederichs. S. 81.

Tucholsky, K. (1930/1975). Alles ist richtig, auch das Gegenteil. Nur: »Zwar ... aber« – das ist nie richtig. In K. Tucholsky, Gesammelte Werke in zehn Bänden, hrsg. v. M. Gerold-Tucholsky u. F. J. Raddatz, Band 8, 1930 (Schnipsel). Reinbek: Rowohlt. S. 345.

Tucholsky, K. (1997). Der Vorteil der Klugheit besteht darin, dass man sich dumm stellen kann. In Harenberg, Lexikon der Sprichwörter & Zitate: mit 50000 Einträgen das umfassendste Werk in deutscher Sprache. Dortmund: Harenberg. S. 653.

Ustinov, P. (1997). Mut ist oft Mangel an Einsicht, Feigheit dagegen beruht nicht selten auf guten Informationen. In Harenberg, Lexikon der Sprichwörter & Zitate: mit 50000 Einträgen das umfassendste Werk in deutscher Sprache. Dortmund: Harenberg. S. 889.

Varnhagen von Ense, R. (1820/1834). Was ist am Ende der Mensch anderes als eine Frage? In R. Varnhagen von Ense, Rahel: Ein Buch des Andenkens für ihre Freunde. Theil 3. Berlin: Duncker u. Humblot. S. 30.

Vauvernagues, L. de Clapiers (1746/1997). Wer glaubt, auf andere nicht angewiesen zu sein, wird unerträglich. (Reflexionen und Maximen). In Harenberg, Lexikon der Sprichwörter & Zitate: mit 50000 Einträgen das umfassendste Werk in deutscher Sprache. Dortmund: Harenberg. S. 38.

Welser, K. von (1986). Der Systematiker führt seine Gedanken aus, der Aphoristiker führt sie heim. In G. Cantarutti (Hrsg.), Neuere Studien zur Aphoristik und Essayistik. Frankfurt a. M.: Peter Lang. S. 31.

Wilde, O. (1891/1997). Wer nicht auf eigne Weise denkt, denkt überhaupt nicht. (Die Seele des Menschen unter dem Sozialismus). In Harenberg, Lexikon der Sprichwörter & Zitate: mit 50000 Einträgen das umfassendste Werk in deutscher Sprache. Dortmund: Harenberg. S. 179.

Wirion, J. (2005). Nur scheinbar kommt der Aphorismus denen entgegen, die keine Zeit haben. In J. Wirion, Sporen: 400 Aphorismen. Esch/Sauer: Op der Lay. S. 54.

Young, E. (1790). Der Aufschub ist ein Dieb der Zeit. In E. Young, Klagen oder Nachtgedanken über Leben, Tod, und Unsterblichkeit. Band 1. Übersetzt von J. A. Ebert. (Klagen, 1. Nacht, Vers 392). Leipzig: Schwickert. S. 64 f.

Zuckmayer, C. (1997). Die Welt wird nie gut, aber sie könnte besser werden. In Harenberg, Lexikon der Sprichwörter & Zitate: mit 50000 Einträgen das umfassendste Werk in deutscher Sprache. Dortmund: Harenberg. S. 1369.

Trotz umfassender Recherche konnten nicht für alle Aphorismen Textquellen gefunden werden.

Alphabetisches Verzeichnis der Sprüche

Alles ist richtig, auch das Gegenteil. Nur: »Zwar ... aber« – das ist nie richtig. (Tucholsky) S. 109

Alles wandelt sich, nichts vergeht. (Ovid) S. 90

Auch wenn die Kräfte fehlen, ist doch der gute Wille zu loben. (Ovid) S. 103

Aufrichtigkeit ist wahrscheinlich die verwegenste Form der Tapferkeit. (Somerset Maugham) S. 84

Bei den meisten Menschen gründet sich der Unglaube in einer Sache auf blinden Glauben in einer andern. (Lichtenberg) S. 74

Bei gleicher Umgebung lebt doch jeder in einer anderen Welt. (Schopenhauer) S. 49

Das Denken und die Angst sind schlechte Partner. Wer zu denken beginnt, muss zunächst die Angst aussperren. (Jünger) S. 63

Das eine ist der Gottheit selbst verwehrt: das, was getan ist, ungeschehen zu machen. (Aristoteles *oder* Agathon von Athen) S. 82

Das Glück besteht nicht darin, dass du tun kannst, was du willst, sondern darin, dass du auch immer willst, was du tust. (Tolstoi) S. 35

Das Glück, das dir am meisten schmeichelt, betrügt dich am ehesten. (Kafka) S. 93

Das Herz hat seine Gründe, die die Vernunft nicht kennt. (nach Pascal) S. 106

Das Schicksal mischt die Karten, wir spielen. (Schopenhauer) S. 50

Der Aufschub ist ein Dieb der Zeit. (Young) S. 96

Der Furchtsame erschrickt vor der Gefahr, der Feige in ihr, der Mutige nach ihr. (Jean Paul) S. 80

Der Himmel hat den Menschen als Gegengewicht zu den vielen Mühseligkeiten des Lebens drei Dinge gegeben: die Hoffnung, den Schlaf und das Lachen. (nach Kant) S. 107

Der Mensch ist das Maß aller Dinge. (Protagoras) S. 68

Der Mensch ist frei wie ein Vogel im Käfig. Er kann sich innerhalb gewisser Grenzen bewegen. (Lavater) S. 83

Der Nachteil der Intelligenz besteht darin, dass man pausenlos dazulernen muss. (Shaw) S. 76

Der Tor läuft den Genüssen des Lebens nach und sieht sich betrogen: der Weise vermeidet die Übel. (Schopenhauer) S. 90

Der unzufriedene Mensch findet keinen bequemen Stuhl. (Franklin) S. 86

Der Vorteil der Klugheit besteht darin, dass man sich dumm stellen kann. (Tucholsky) S. 44

Der Wille öffnet die Türen zum Erfolg. (Pasteur) S. 114

Der Witz ist die Waffe der Wehrlosen. (Freud) S. 105

Die Irrtümer des Menschen machen ihn eigentlich liebenswürdig. (Goethe) S. 85

Die meiste Unwissenheit könnte besiegt werden. Wir eignen uns nur deshalb keine Kenntnisse an, weil wir sie nicht wünschen. (Lichtenberg) S. 71

Die utopischen Träume sind oft nur vorzeitige Wahrheiten. (nach de Lamartine) S. 104

Die Welt wird nie gut, aber sie könnte besser werden. (Zuckmayer) S. 102

Die Zukunft hat viele Namen: Für die Schwachen ist sie das Unerreichbare, für die Furchtlosen ist sie das Unbekannte, für die Tapferen ist sie die Chance. (Hugo) S. 110

Dinge zu bezweifeln, die ganz ohne weitere Untersuchung jetzt geglaubt werden, das ist die Hauptsache. (Lichtenberg) S. 53

Du kannst dein Leben nicht verlängern, noch verbreitern, nur vertiefen. (Fock) S. 112

Ein Genie ist ein Mensch, dem etwas Selbstverständliches zum ersten Mal einfällt. (Bahr) S. 79

Ein jedes Ding hat seine Zeit. (Shakespeare) S. 47

Ein Mensch ist umso reicher, je mehr Dinge er unbeschadet am Wege liegen lassen kann. (Thoreau) S. 78

Es gibt mehr Ding' im Himmel und auf Erden, als eure Schulweisheit sich träumt. (Shakespeare) S. 38

Es ist leichter, eine Lüge zu glauben, die man tausendmal gehört hat, als eine Wahrheit, die man noch nie gehört hat. (Lynd) S. 60

Es ist nicht genug zu wissen, man muß auch anwenden; es ist nicht genug zu wollen, man muß auch tun. (Goethe) S. 108

Es ist schwerer, Gefühle zu verbergen, die man hat, als die zu heucheln, die man nicht hat. (La Rochefoucauld) S. 94

Es ist wahr, alle Menschen schieben auf, und bereuen den Aufschub. (Lichtenberg) S. 47

Es liegt in der Natur des Menschen, vernünftig zu denken und unvernünftig zu handeln. (France) S. 73

Fortschritt ist das Werk der Unzufriedenen. (nach Huxley) S. 113

Freiheit bedeutet Verantwortlichkeit. Das ist der Grund, weshalb die meisten Menschen sich vor ihr fürchten. (Shaw) S. 57

Frisch gewagt ist halb gewonnen. (Horaz) S. 87

Genau genommen, leben nur wenige Menschen in der Gegenwart. Die meisten bereiten sich vor, demnächst zu leben. (Swift) S. 77

Gewiß ist es fast noch wichtiger, wie der Mensch das Schicksal nimmt, als wie es ist. (Humboldt) S. 103

Gibst du auf die kleinen Dinge nicht Acht, wirst du Größeres verlieren. (Menander) S. 64

Gibt es schließlich eine bessere Form, mit dem Leben fertig zu werden, als mit Liebe und Humor? (Dickens) S. 64

Intelligenz ist die Fähigkeit, seine Umwelt zu akzeptieren. (Faulkner) S. 97

Ja Schmerz! Nur du machst Menschen erst zu Menschen ganz. (de Lamartine) S. 42

Je planmäßiger der Mensch vorgeht, umso wirkungsvoller trifft ihn der Zufall. (Dürrenmatt) S. 100

Jeder hat so viel Recht, wie er Macht hat. (nach Spinoza) S. 65

Krise ist ein produktiver Zustand. Man muss ihr nur den Beigeschmack der Katastrophe nehmen. (Frisch) S. 40

Lernen ist wie Rudern gegen den Strom. Sobald man aufhört, treibt man zurück. (Britten) S. 43

Man gibt Ratschläge, aber die Ausführung bringt man keinem bei. (La Rochefoucauld) S. 111

Man muss das Eisen schmieden, solange es heiß ist. (Terenz) S. 58

Man muss mehrere Vorbilder haben, um nicht die Parodie eines einzigen zu werden. (Kästner) S. 52

Mit Geduld und Zeit kommt man weit. (Abraham a Santa Clara) S. 96

Mut ist oft Mangel an Einsicht, Feigheit dagegen beruht nicht selten auf guten Informationen. (Ustinov) S. 41

Niemand ist so beflissen, immer neue Eindrücke zu sammeln, als Derjenige, der die alten nicht zu verarbeiten versteht. (Ebner-Eschenbach) S. 59

Niemand weiß, wie weit seine Kräfte gehen, bis er sie versucht hat. (Goethe) S. 89

Nur die Sache ist verloren, die man aufgibt. (nach Schiller) S. 54

Nur wer den Menschen liebt, wird ihn verstehen. Wer ihn verachtet, ihn nicht einmal sehen. (Morgenstern) S. 85

Oft ist der Mensch selbst sein größter Feind. (Cicero) S. 81

Oft sind Erinnerungen ganz vortreffliche Balancierstäbe, mit welchen man sich über die schlimme Gegenwart hinwegsetzen kann. (Mundt) S. 62

Realist ist einer, der den richtigen Abstand zu seinen Idealen hat. (Capote) S. 37

Sieh nach den Sternen! Gib acht auf die Gassen! (Raabe) S. 82

Stille Unterordnung unter Willkür schwächt, stille Unterordnung unter Notwendigkeit stärkt. (Jean Paul) S. 99

Um Erfolg zu haben, musst du den Standpunkt des anderen einnehmen und die Dinge mit seinen Augen betrachten. (Ford) S. 66

Umwälzungen finden in Sackgassen statt. (Brecht) S. 48

Und leben ist ja doch des Lebens höchstes Ziel! (Grillparzer) S. 72

Vergangenes kann man nicht ändern, aber man kann sich ändern – für die Zukunft. (Fallada) S. 111

Was ist am Ende der Mensch anderes als eine Frage? (Varnhagen von Ense) S. 39

Was jedermann für ausgemacht hält, verdient am meisten untersucht zu werden. (Lichtenberg) S. 69

Was soll ich viel lieben, was soll ich viel hassen: Man lebt nur vom Leben lassen. (Goethe) S. 56

Wenn es nur eine einzige Wahrheit gäbe, könnte man nicht hundert Bilder über dasselbe Thema malen. (Picasso) S. 92

Wer die anderen neben sich klein macht, ist nie groß. (Seume) S. 36

Wer glaubt, auf andere nicht angewiesen zu sein, wird unerträglich. (Vauvenargues) S. 61

Wer in der Zukunft lesen will, muss in der Vergangenheit blättern. (Malraux) S. 101

Wer nicht auf eigne Weise denkt, denkt überhaupt nicht. (Wilde) S. 67

Wer seine Angst zugibt, muss viel Mut haben. (Unbekannt) S. 55

Wer seine Träume verwirklichen will, muss wach sein. (Pfleghar) S. 91

Wer spricht von Siegen? Überstehen ist alles. (Rilke) S. 98

Wer zu viel zweifelt, der verzweifelt. (Lehmann) S. 70

Wir sind nicht nur verantwortlich für das, was wir tun, sondern auch für das, was wir nicht tun. (Molière) S. 88

Wir sind nichts; was wir suchen, ist alles. (Hölderlin) S. 46

Worte sind die mächtigste Droge, welche die Menschheit benutzt. (Kipling) S. 45

Zweifel ist der Weisheit Anfang. (Descartes) S. 54